Vorwort

Liebe Schüler, liebe Eltern,

seit der Reform der Realschulen von vier auf sechs Jahre und der Einführung des **LehrplanPLUS** ist Deutsch praxisnäher und lebendiger geworden. Diese

Schulaufgaben von bayerischen Realschulen
Deutsch 7

zeigen, welche Aufgabentypen in Realschulen verlangt werden. Die Schulaufgaben basieren auf den Lehrwerken unserer Schüler. Sie berücksichtigen damit die Merkmale der diversen Lehrbücher in verschiedenen Realschulen. Aufgrund der großen Nachfrage veröffentlichen wir die (modifzierten) Schulaufgaben mit Lösungen unserer Schüler.

Original-Schulaufgaben von Nachhilfeschülern unseres *Durchblicker Lernstudio Arndt* bilden die Grundlage der Aufgaben in diesem Buch. Der Inhalt der Schulaufgaben entspricht genau den Vorgaben des **LehrplanPLUS** für bayerische Realschulen.

Im vorliegenden Band befinden sich pro Schulaufgabe jeweils zwei Prüfungen. Diverse Aufsatzthemen sind Schilderung Ereignis und Ort, Zusammenfassung von Märchen und Kurzgeschichte, Textgebundener Aufsatz sowie nach literarischem Vorbild erzählen (Gedicht und Ballade). Die Reihenfolge der Aufsatzthemen kann vom Lehrer jederzeit ausgetauscht werden. Manche Lehrer lassen Deutschaufsätze üben, indem sie die Schüler benotete Probeaufsätze schreiben lassen. Außerdem gibt es zwei „kleinere" Grammatiktests und einen abschließenden umfassenden Grammatiktest.

Die hier gestellten Schulaufgaben mit Lösungen entsprechen dem Niveau aus Realschulen in Bayern und basieren auf tatsächlich gestellten Aufgaben. Sie beinhalten den gesamten Stoff des **LehrplanPLUS** der 7. Klasse. Wer diese Schulaufgaben konsequent durcharbeitet, dem sind bessere Noten sicher. Durch Übung kommt jeder Schüler zum Erfolg.

Versuche die Aufgaben selbständig zu lösen wie in einer richtigen Schulaufgabe. Wenn der Lehrer eine Schulaufgabe ankündigt, dann solltest du die entsprechenden Schulaufgaben machen. Vergleiche deine Lösungen mit den Lösungen der Schulaufgaben und korrigiere dich selbst. Wenn sich die Fehler häufen, dann musst du verstärkt im Schülerbuch oder in der Grammatik noch einmal die Kapitel, um die es geht, wiederholen.

Mein Ziel ist es, die Motivation und Kreativität aller Schüler beim Lösen von Schulaufgaben in Deutsch zu fördern. Dazu biete ich die **ausführliche Lösung** der Aufgabenstellung an.

Viel Spaß beim Lösen der Schulaufgaben

Deine und Ihre Deutschtrainerin Monika Arndt

Monika Arndt (Dipl.-Übersetzerin) veröffentlichte als Buchautorin Ernährungsbücher für Kinder in den Verlagen dtv und Ravensburger. **Das Baby-Kochbuch, Wie Kinder fit und gesund bleiben** und **Das Ravensburger Kochbuch für Kinder** mit Bildern von Ali Mitgutsch. Zuvor hat Monika Arndt in verschiedenen Redaktionen gearbeitet, z.B. über zehn Jahre in der Redaktion des Schulfernsehheftes beim Bayerischen Schulfernsehen. Beim Stark-Verlag hat sie über Produktion und Inhalt von Lernhilfen Erfahrungen gesammelt, geeignete Lehrer gesucht und die Bücher als Lektorin redigiert.
Sie unterrichtet Deutsch, Englisch und Französisch im *Durchblicker Lernstudio Arndt*.

Titelbild: Heinrich Schmid, Überlingen am Ried / Singen am Hohentwiel
www.durchblicker.org

ISBN 978-3-946141-12-9

© 2022 Version 1.3. Das Werk und seine Teile sind urheberrechtlich geschützt.
Jede Nutzung in anderen als den gesetzlich zugelassenen Fällen bedarf der vorherigen schriftlichen Einwilligung des Herausgebers.

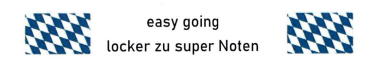

easy going
locker zu super Noten

Schulaufgaben bayerischer Realschulen

Deutsch 7

nach neuem Lehrplan PLUS

mit Lösungen

Schulaufgaben bayerischer Realschulen

Verfügbare Titel

☺ Mathematik für Klasse 5, 6, 7II / III, 8II / III, 9II / III und 10II / III
☺ Englisch für Klasse 5, 6, 7, 8, 9 und 10
☺ Deutsch für Klasse 5, 6, 7 und 8

Schulaufgaben von bayerischen Gymnasien

Verfügbare Titel

☺ Mathematik für Klasse 5, 6, 7, 8, 9, 10, 11 und 12
☺ Physik für Klasse 8, 9 und 10
☺ Chemie für Klasse 8, 9 und 10
☺ Englisch für Klasse 5, 6, 7, 8, 9, 10 und 11/12
☺ Französisch für Klasse 6, 7, 8 und 9
☺ Deutsch für Klasse 5, 6, 7 und 8
☺ Latein für Lernjahr 1, 2 und 3

Schulproben von bayerischen Mittelschulen

Verfügbare Titel

☺ Mathematik für Klasse 5 und 6
☺ Englisch für Klasse 5 und 6
☺ Deutsch für Klasse 5 und 6

Schulproben von bayerischen Grundschulen

Verfügbare Titel

☺ Mathematik für Klasse 3 und 4
☺ Deutsch für Klasse 3 und 4
☺ Heimat- und Sachunterricht (HSU) für Klasse 3 und 4

Inhaltsverzeichnis

Schulaufgabe 1.1 Schilderung Ereignis: Auf dem Wochenmarkt

Schulaufgabe 1.2 Schilderung Ort: Mein liebster Ort

Schulaufgabe 2.1 Märchen zusammenfassen: Das Märchen vom Glück

Schulaufgabe 2.2 Kurzgeschichte zusammenfassen: Känsterle

Schulaufgabe 3.1 Textgebundener Aufsatz (TGA): Funkgerät als einzige Nabelschnur

Schulaufgabe 3.2 Textgebundener Aufsatz (TGA): Handys machen dumm

Schulaufgabe 4.1 Nach literarischem Vorbild erzählen: zum Gedicht „Der Zirkus"

Schulaufgabe 4.2 Nach literarischem Vorbild erzählen: zur Ballade „Der Erlkönig"

1. Grammatiktest (1.1)

Fehlende Wörter in Lücken schreiben, Groß- und Kleinschreibung beachten

Fehlende Kommas in Sätzen einfügen

Lücken mit passenden Wörtern der verlangten Wortart füllen

Haupt- und Nebensätze durch Unterstreichen in zwei verschiedenen Farben bestimmen

Die fünf verschiedenen Arten von Pronomen nennen und Beispielsätze mit unterschiedlichen
  Pronomen formulieren

1. Grammatiktest (1.2)

Lücken mit richtigen Anfangsbuchstaben ausfüllen

Fehlende Verbformen in Lücke einfügen

Wortarten in einem Satz bestimmen

Satzglieder mit Trennungsstrichen kennzeichnen und benennen, mit Umstellprobe prüfen

Verbformen bilden

2. Grammatiktest

Zeitungsbericht aufmerksam lesen: ankreuzen, welche Fragen der Bericht beantwortet

Ankreuzen, welche Aussagen inhaltlich mit dem Text übereinstimmen, welche nicht darin enthalten sind und welche falsch sind

Ankreuzen, welche der drei nachfolgenden Sätze am ehesten zeigen, was man aus dem Sachtext lernen kann

Unterstrichene Wortarten bestimmen (lateinische Fachbegriffe)

Nebensätze unterstreichen und näher bestimmen

Verben in Passiv nach Person, Numerus und Tempus bestimmen, dann Sätze in Aktivsätze umformen, dabei Tempus und Sinn beibehalten

In vorgegebenem Text gegebene Satzglieder aussuchen und in Zeile daneben schreiben

Rechtschreibfehler in gegebenem Text herausfinden und verbessern, auch fehlende Kommas einfügen und evtl. streichen

1. Schulaufgabe – Schilderung Ereignis

Name: _____

Aufgabe
Verfasse eine Schilderung zum Thema „Auf dem Wochenmarkt". Gestalte dazu zunächst eine Mind-Map mit den Sinneswahrnehmungen wie im Unterricht erprobt!

Arbeitszeit: 60 Min.

Viel Erfolg!

Von 32 Punkten hast du ___ Punkte erreicht.

Note: ___

Lösung: 1. Schulaufgabe – Schilderung Ereignis

Aufgabe
Verfasse eine Schilderung zum Thema „Auf dem Wochenmarkt". Gestalte dazu zunächst eine Mind-Map mit den Sinneswahrnehmungen wie im Unterricht erprobt!

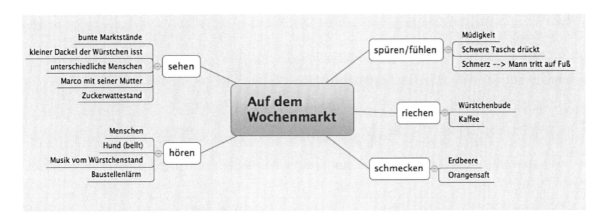

Ein Samstag auf dem Wochenmarkt
Ich gehe die Straße zum Hermannplatz entlang. Hinter mir höre ich den lauten Baustellenlärm der Hauptstraße. Ich bin froh, als ich am Marktplatz ankomme, denn hier sind die Geräusche fröhlich und bunt. Ich höre die übliche Musik vom Würstchenstand, der Wind treibt sie zu mir herüber. Direkt neben mir ist der Kaffeestand, ich bleibe stehen, beuge mich nach unten und rieche an den duftenden Bohnen. „Frisch geröstet", ruft mir Herr Holinder zu. Meine Müdigkeit ist plötzlich wie weggeblasen. Ich wache auf, sehe die vielen verschiedenen Menschen, die bunten Marktstände, die wie ein Konfettiregen nicht bunter sein könnten. Ich gehe weiter und plötzlich tippt mir jemand auf die Schulter. Während ich mich schwungvoll umdrehe, höre ich einen Hund bellen. Wo der wohl sein mag in dem ganzen Getümmel? Marco grinst mich freundlich an. „Hallo Sanne, auch unterwegs?" Ich freue mich, ihn und seine Mutter zu sehen und Frau Freitag lädt mich zu einem Orangensaft ein. Mhmm, schmeckt der gut. Darum liebe ich den Markt. Man trifft immer so nette Menschen. Als ich weiter zum Würstchenstand gehe, komme ich an der Zuckerwatte vorbei. Man sieht das lecker aus! Plötzlich fährt ein böser Schmerz in mir auf. Jemand ist mir auf den Fuß getreten. „Aua!", rufe ich entsetzt. „Oh, Pardon!", entgegnet der Herr und ist schon wieder verschwunden. Endlich bin ich am Würstchenstand. Während ich meine Bestellung aufgebe, sehe ich den kleinen Dackel an der Ecke. Wie niedlich der ist. Huch, da fällt einem Jungen sein Würstchen zu Boden. Das hat der Dackel gesehen und flink zugeschnappt. Ich kichere ein bisschen vor mich hin und stelle meine Tasche auf den Boden. Mit all den verschiedenen Einkäufen ist sie ziemlich schwer geworden und drückt ganz schön an der Schulter. Wenn ich das Würstchen gegessen habe, mache ich mich auf den Weg nach Hause, denke ich und beiße genüsslich zu.

Lösung: Schulaufgabe 1.1

Tipps und Hinweise
In einer **Schilderung** möchtest du dem Leser ein möglichst anschauliches Bild einer Situation geben. Hierzu nutze **Sinneseindrücke** *(hören, sehen, riechen, schmecken, fühlen / spüren)* und **Empfindungen**.

Tipps und Hinweise
Um **Gedanken** oder **Gefühle** zu beschreiben, kannst du folgende sprachliche Mittel nutzen:
- **treffende Verben**: *schlendern* (anstelle von gehen), *jauchzen* (anstelle von freuen)...
- **anschauliche Adjektive** und **Partizipien**: nachtschwarz, laut lachend, purpurrot...
- **feste Wendungen**: *in Angst und Schrecken versetzen, das Herz rutschte mir in die Hose ...*
- **Vergleiche**: *groß wie eine Giraffe, mutig wie ein Löwe ...*
- **abwechslungsreiche Satzanfänge**
- **Wiedergabe von Gedanken** in einem **inneren Monolog** (siehe auch nächster Kasten Tipps und Hinweise)

Tipps und Hinweise
Bei einer **Schilderung** kann es sinnvoll sein, eine **Figur in der Ich-Form**, in einem Monolog, zu sich selbst sprechen zu lassen. Hierbei äußert sie Gedanken und Gefühle.
Ein **innerer Monolog** kann folgende Merkmale haben:
- Fragen z.B. *Wieso habe ich...?*
- Ausrufe z.B. *Das kann doch nicht wahr sein!*
- Interjektionen z.B. *Ach! Nanu! Ohje! Huch!*
- Gedankensprünge

Das muss ich wissen
Eine **Schilderung** stellt eine kurze Situation genau dar
- **Sinneswahrnehmungen**, Gefühle und Gedanken einer Person werden wiedergegeben
- Sowohl das **äußere**, als auch das **innere Empfinden** ist wichtig
- Aufbau: **Einleitung** (als kurze Hinführung zur dargestellten Situation), **Hauptteil** (eine genaue, bildliche Schilderung der Situation) und **Schluss** (Abrundung der Situation)
- Zeitform ist das **Präsens**
- Oftmals bietet sich für Schilderungen die **Ich-Form** an

1. Schulaufgabe – Schilderung Ort

Name: _____

Aufgabe
Verfasse eine Schilderung zum Thema „Mein liebster Ort". Stell dir dazu vor du bist an diesem Ort. Gestalte dazu zunächst eine Mind-Map mit den Sinneswahrnehmungen wie im Unterricht erprobt!

Arbeitszeit: 60 Min.

Viel Erfolg!

Von 32 Punkten hast du ___ Punkte erreicht.

Note: ___

Lösung: Schulaufgabe 1.2

Lösung: 1. Schulaufgabe – Schilderung Ort

Aufgabe
Verfasse eine Schilderung zum Thema „Mein liebster Ort". Stell dir dazu vor du bist an diesem Ort. Gestalte dazu zunächst eine Mind-Map mit den Sinneswahrnehmungen wie im Unterricht erprobt!

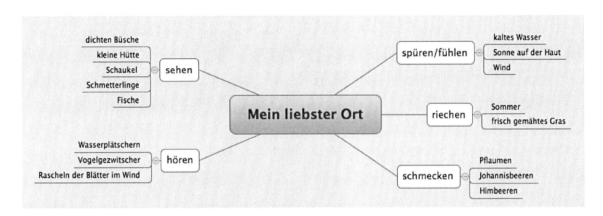

Ein Ausflug zum See
Auf dem Weg zu meinem Lieblingsort, dem kleinen See hinterm Haus meiner Großmutter fängt mein Herz an zu klopfen. Ich freue mich sehr, heute hier zu sein. Die Sonne kitzelt auf meiner Haut und ich spüre den Wind in meinen Haaren. Es ist herrliches Wetter und ich kann den Sommer förmlich riechen. Es riecht nach frisch gemähtem Gras und Sonnenstrahlen. Am See bahne ich mir einen Weg durch die dichten moosgrünen Büsche. Ich laufe zur kleinen Holzhütte und jauchze innerlich als ich die reifen Beeren entdecke. Es gibt dichte Sträucher mit knallbunten Johannisbeeren und Himbeeren und der Pflaumenbaum trägt auch schon Früchte. Die Früchte zergehen auf meiner Zunge. Ich bin glücklich so leckeres Obst zu essen. Ich schließe die Augen und lausche dem Gezwitscher der Vögel. Die Melodien klingen so zart und schön in meinem Ohr. Ich laufe weiter zur Schaukel, die an einem großen Ast hängt. Hier setze ich mich und schaukle im Wind. Schmetterlinge in allen Farben fliegen tänzelnd um mich. Das Rascheln der Blätter klingt wie ein Rhythmus. Ich gehe weiter zum Wasser und fühle es meine Füße umschließen. Ein paar Fische schwimmen flink davon. Das Geplätscher des Wassers macht mir gute Laune. Ich schaue am Ufer entlang und merke erneut, dass dies mein liebster Ort ist. Dann tauche ich unter und schwimme in großen Zügen los.

Tipps und Hinweise sowie **Das muss ich wissen**
siehe Lösung Schulaufgabe 1.1

2. Schulaufgabe – Märchen zusammenfassen

Name: _____

Aufgabe
Fasse den Inhalt des Märchens zusammen. Gehe im Schluss kurz darauf ein, was du daraus lernen kannst!

Das Märchen vom Glück von Erich Kästner

Siebzig war er gut und gern, der alte Mann, der mir in der verräucherten Kneipe gegenüber saß. Sein Schopf sah aus, als habe es darauf geschneit, und die Augen blitzten wie eine blank gefegte Eisbahn. „Oh, sind die Menschen dumm", sagte er und schüttelte den Kopf, dass ich dachte, gleich müssten Schneeflocken aus seinem Haar aufwirbeln.
„Das Glück ist ja schließlich keine Dauerwurst, von der man sich täglich seine Scheibe herunter schneiden kann!"
„Stimmt", meinte ich, „das Glück hat ganz und gar nichts Geräuchertes an sich. Obwohl ..."
„Obwohl!?"
„Obwohl gerade Sie aussehen, als hinge bei Ihnen zu Hause der Schinken des Glücks im Rauchfang."
„Ich bin eine Ausnahme", sagte er und trank einen Schluck. „Ich bin die Ausnahme. Ich bin nämlich der Mann, der einen Wunsch frei hat." Er blickte mir prüfend ins Gesicht, und dann erzählte er seine Geschichte.
„Das ist lange her", begann er und stützte den Kopf in beide Hände, „Sehr lange. Vierzig Jahre. Ich war noch jung und litt am Leben wie an einer geschwollenen Backe. Da setzte sich, als ich eines Mittags verbittert auf einer grünen Parkbank hockte, ein alter Mann neben mich und sagte beiläufig: ‚Also gut. Wir haben es uns überlegt. Du hast drei Wünsche frei.' Ich starrte in meine Zeitung und tat, als hätte ich nichts gehört. ‚Wünsch dir, was du willst', fuhr er fort, ‚die schönste Frau oder das meiste Geld oder den größten Schnurrbart, das ist deine Sache. Aber werde endlich glücklich! Deine Unzufriedenheit geht uns auf die Nerven.'
Er sah aus wie der Weihnachtsmann in Zivil. Weißer Vollbart, rote Apfelbäckchen, Augenbrauen wie aus Christbaumwatte. Gar nichts Verrücktes. Vielleicht ein bisschen zu gutmütig. Nachdem ich ihn eingehend betrachtet hatte, starrte ich wieder in meine Zeitung.
‚Obwohl es uns nichts angeht, was du mit deinen drei Wünschen machst', sagte er ‚wäre es natürlich kein Fehler, wenn du dir die Angelegenheit vorher genau überlegtest. Denn drei Wünsche sind nicht vier Wünsche oder fünf, sondern drei. Und wenn du hinterher noch immer neidisch und unglücklich wärst, könnten wir dir und uns nicht mehr helfen.
'Ich weiß nicht, ob Sie sich in meine Lage versetzen können. Ich saß auf einer Bank und haderte mit Gott und der Welt. In der Ferne klingelten die Straßenbahnen. Die Wachtparade zog irgendwo mit Pauken und Trompeten zum Schloss. Und neben mir saß nun dieser alte Quatschkopf!"
„Sie wurden wütend?"
„Ich wurde wütend. Mir war zumute wie einem Kessel kurz vorm Zerplatzen. Und als er sein weiß wattiertes Großvatermündchen von neuem aufmachen wollte, stieß ich zornzitternd hervor:

Damit Sie alter Esel mich nicht länger duzen, nehme ich mir die Freiheit, meinen ersten und innigsten Wunsch auszusprechen: Scheren Sie sich zum Teufel!' Das war nicht fein und höflich, aber ich konnte einfach nicht anders. Es hätte mich sonst zerrissen."

„Und?"

„Was, und?"

„War er weg?"

„Ach so! Natürlich war er weg! Wie fortgeweht. In der gleichen Sekunde. In nichts aufgelöst. Ich guckte sogar unter die Bank. Aber dort war er auch nicht. Mir wurde ganz übel vor lauter Schreck. Die Sache mit den Wünschen schien zu stimmen! Und der erste Wunsch hatte sich bereits erfüllt!

Du meine Güte! Und wenn er sich erfüllt hatte, dann war der gute, liebe, brave Großpapa, wer er nun auch sein mochte, nicht nur weg, nicht nur von meiner Bank verschwunden, nein, dann war er beim Teufel! Dann war er in der Hölle.

‚Sei nicht albern', sagte ich zu mir selber. ‚Die Hölle gibt es ja gar nicht, und den Teufel auch nicht.' Aber die drei Wünsche, gab's denn die? Und trotzdem war der alte Mann, kaum hatte ich's gewünscht, verschwunden ... Mir wurde heiß und kalt. Mir schlotterten die Knie. Was sollte ich machen? Der alte Mann musste wieder her, ob's nun eine Hölle gab oder nicht. Das war ich ihm schuldig. Ich musste meinen zweiten Wunsch dransetzen, den zweiten von dreien, o ich Ochse!

Oder sollte ich ihn lassen, wo er war? Mit seinen hübschen, roten Apfelbäckchen? ‚Bratapfelbäckchen', dachte ich schaudernd. Mir blieb keine Wahl. Ich schloss die Augen und flüsterte ängstlich: ‚Ich wünsche mir, dass der alte Mann wieder neben mir sitzt!'

Wissen Sie, ich habe mir jahrelang, bis in den Traum hinein, die bittersten Vorwürfe gemacht, dass ich den zweiten Wunsch auf diese Weise verschleudert habe, doch ich sah damals keinen Ausweg. Es gab ja keinen."

„Und?"

„Was, und?"

„War er wieder da?"

„Ach so! Natürlich war er wieder da! In der nächsten Sekunde. Er saß wieder neben mir, als wäre er nie fortgewünscht gewesen. Das heißt, man sah's ihm schon an, dass er ... dass er irgendwo gewesen war, wo es verteufelt, ich meine, wo es sehr heiß sein musste. O ja. Die buschigen, weißen Augenbrauen waren ein bisschen verbrannt. Und der schöne Vollbart hatte auch etwas gelitten. Besonders an den Rändern. Außerdem roch's wie nach versengter Gans. Er blickte mich vorwurfsvoll an. Dann zog er ein Bartbürstchen aus der Brusttasche, putzte sich Bart und Brauen und sagte gekränkt: ‚Hören Sie, junger Mann, fein war das nicht von Ihnen!' Ich stotterte eine Entschuldigung. Wie Leid es mir täte. Ich hätte doch nicht an die drei Wünsche geglaubt. Und außerdem hätte ich immerhin versucht, den Schaden wieder gutzumachen. ‚Das ist richtig', meinte er. ‚Es wurde aber auch höchste Zeit.' Dann lächelte er. Er lächelte so freundlich, dass mir fast die Tränen kamen.

Nun haben Sie nur noch einen Wunsch frei', sagte er. ‚Den dritten. Mit ihm gehen Sie hoffentlich ein bisschen vorsichtiger um. Versprechen Sie mir das?' Ich nickte und schluckte. ‚Ja', antwortete ich dann, ‚aber nur, wenn Sie mich wieder duzen.' Da musste er lachen.

‚Gut, mein Junge', sagte er und gab mir die Hand. ‚Leb wohl. Sei nicht allzu unglücklich. Und gib auf deinen letzten Wunsch acht.' ‚Ich verspreche es Ihnen', erwiderte ich feierlich. Doch er war schon weg. Wie fortgeblasen."

„Und?"

„Was, und?"

„Seitdem sind Sie glücklich?"

„Ach so. Glücklich?"

Mein Nachbar stand auf, nahm Hut und Mantel vom Garderobenhaken, sah mich mit seinen blitzblanken Augen an und sagte: „Den letzten Wunsch hab' ich vierzig Jahre lang nicht angerührt. Manchmal war ich nahe daran. Aber nein. Wünsche sind nur gut, solange man sie noch vor sich hat. Leben Sie wohl."

Ich sah vom Fenster aus, wie er über die Straße ging. Die Schneeflocken umtanzten ihn. Und er hatte ganz vergessen, mir zu sagen, ob wenigstens er glücklich sei. Oder hatte er mir absichtlich nicht geantwortet?

Das ist natürlich auch möglich.

Arbeitszeit: 60 Min.

 **Viel Erfolg!**

Von 32 Punkten hast du ___ Punkte erreicht.

Note: ___

Lösung: 2. Schulaufgabe – Märchen zusammenfassen

Aufgabe
Fasse den Inhalt des Märchens zusammen. Gehe im Schluss kurz darauf ein, was du daraus lernen kannst!

In der Geschichte „Das Märchen vom Glück" von Erich Kästner geht es um einen alten Mann, der einem anderen Mann in einer Kneipe die Geschichte seines freien Wunsches erzählt.
Ein Mann kommt in eine Kneipe und setzt sich gegenüber von einem älteren Herrn. Dieser beginnt über die Dummheit der Menschen zu sprechen und meint, dass das Glück ja keine Dauerwurst sei, die von der Decke hängt. Daraufhin entgegnet der andere Mann, dass aber gerade der ältere Herr aussehe, als hinge bei ihm das Glück zuhause.
Dies nimmt der alte Mann als Anlass und erzählt die Geschichte von dem freien Wunsch, den er hat.
Lange Zeit zuvor saß er im Park auf einer Bank und ein Mann mit langem Bart setzte sich zu ihm. Er sagte ihm, dass er drei Wünsche frei habe und dafür endlich glücklich sein soll. Der Mann verstand erst nicht ganz recht und als der bärtige Fremde seine Aussage wiederholte, wünschte sich der Mann, dass dieser sich zum Teufel scheren sollte. Der Mann mit dem Bart war daraufhin plötzlich verschwunden, was in dem anderen Mann ein schlechtes Gewissen auslöste. Nach kurzem Überlegen wünschte er sich den alten Mann zurück und plötzlich saß dieser wieder neben ihm auf der Bank. Er war etwas gekränkt, woraufhin sich der Mann nochmals entschuldigte. Der bärtige Mann warnte den anderen Mann, dass er mit seinem dritten und letzten Wunsch sorgfältig umgehen solle und ihn nicht wieder so unüberlegt zum Einsatz bringen solle. Dies versprach der Mann, woraufhin sich der bärtige Mann verabschiedete.
Und so hat der Mann seit 40 Jahren einen freien Wunsch.
Als er die Geschichte fertig erzählt hat, wird er gefragt, ob er denn glücklich sei mit seinem Wunsch? Daraufhin entgegnet er, dass ein Wunsch einen nur solange glücklich macht, solange man ihn noch vor sich hat. Er nimmt seine Jacke und verlässt das Lokal.
Die Geschichte von Erich Kästner zeigt auf, dass es manchmal wichtig ist noch unerfüllte Wünsche zu haben, da sie einen hoffen lassen und Vorfreude schenken.

Lösung: Schulaufgabe 2.1

Tipps und Hinweise
Wenn du eine **Zusammenfassung** schreiben sollst, lies den Text zunächst einmal ganz durch. Lies ihn dann erneut und teile ihn in **sinnvolle Abschnitte**. Du kannst dann die wichtigen Dinge unterstreichen und bei der Ausformulierung des Textes darauf eingehen. So gliederst du dir den Text in kleine Abschnitte und hast es einfacher den Überblick zu behalten.

Tipps und Hinweise
Eine **Zusammenfassung** fasst knapp und verständlich die **wichtigen Handlungsschritte** zusammen. Ausschmückende Details werden dabei weggelassen, es geht wirklich nur um die wesentlichen **Informationen**, die benötigt werden um die Handlung / das Geschehen zu verstehen.

Tipps und Hinweise
Um Sätze sinnvoll zu verknüpfen, kannst du Folgendes verwenden:
- **Konjunktionen**: *wenn, weil, damit, als, dass, aber, und, ob, während ...*
- **Pronomen**: *der, die, das, dieser, welcher, welche ...*

Tipps und Hinweise
- Im Schlussteil könnt ihr auf die **Wirkung des Textes** eingehen oder darauf, was für eine Lehre man daraus ziehen kann.
- Ihr solltet ebenso von **eigenen Erfahrungen** in Bezug auf den Text berichten.

Das muss ich wissen
Eine **Zusammenfassung** enthält Folgendes:
- Einleitung mit Informationen zu: **Autor/in**, **Textsorte**, **Titel** und **Quelle** des Textes sowie eine **Kernaussage** des Textes
- Hauptteil mit der **Zusammenfassung des Handlungsverlaufs**
- Schlussteil mit der **Meinung** zum Text oder Thema
- Zeitform: **Präsens**. Für Handlungen, die schon abgeschlossen sind: **Perfekt**
- Die Sprache ist **sachlich**
- Wörtliche Rede wird umschrieben oder in **indirekte Rede** umgewandelt

2. Schulaufgabe – Kurzgeschichte zusammenfassen

Name: _____

Aufgabe
Fasse den Inhalt der Kurzgeschichte zusammen. Gehe im Schluss kurz darauf ein, was du daraus lernen kannst!

Känsterle von Rainer Brambach

Wallfried Känsterle, der einfache Schlosser, sitzt nach Feierabend vor dem Fernsehschirm. Wo denn sonst? – Tagesschau, Wetterkarte; die Meisterschaft der Gewichtheber interessiert Känsterle. „Mach den Ton leiser, die Buben schlafen!" ruft Rosa, die in der Küche Geschirr gespült hat und nun hereinkommt. Känsterle gehorcht. „Es ist kalt draußen", plaudert sie, „wie gut, dass wir Winterfenster haben. Nur frisch anstreichen sollte man sie wieder einmal. Wallfried, im Frühjahr musst du unbedingt die Winterfenster streichen. Und kitten muss man sie! Überall bröckelt der Kitt. Niemand im Haus hat so schäbige Winterfenster wie wir! Ich ärgere mich jedes Mal, wenn ich die Winterfenster putze. Hast du gehört?" „Ja, ja", sagt Känsterle abwesend. „Was macht denn der da?", fragt Rosa und deutet auf den Fernsehschirm. „Der könnte seine Kraft auch für was Besseres gebrauchen! Stell das doch ab, ich hab' mit dir zu reden!" „Gleich, gleich!", sagt Känsterle und beugt sich etwas näher zum Schirm. „Herr Hansmann im Parterre hat im letzten Sommer seine Winterfenster neu gekittet und gestrichen, obwohl es gar nicht nötig war. Nimm dir mal ein Beispiel an Herrn Hansmann! Seine ganzen Ferien hat er dran gegeben. So ein ordentlicher Mann... Übermorgen ist Sankt Nikolaus. Erinnerst du dich an Herrn Weckhammer? Ich hab' heut' im Konsum seine Frau getroffen, ganz in Schwarz. Der alte Weckhammer ist umgefallen, beim Treppensteigen, Herzschlag." Kansterle drückt auf die Taste „Aus". „Ein Trost", fängt Rosa wieder an, „dass die Weckhammerschen Kinder aus dem Gröbsten raus sind. Die Witwe fragt, ob wir den Nikolaus gebrauchen könnten. Eine Kutte mit Kaninchenfell am Kragen, schöner weißer Bart, Stiefel, Sack und Krummstab, alles gut erhalten. Nur vierzig Mark will sie dafür, hat sie gesagt. Mein Mann wird kommen und ihn holen, hab ich da gesagt. Nicht wahr. Wallfried, du wirst Paul und Konradle die Freude machen?" Känsterle schaut auf die matte Scheibe. „Wallfried!", ruft Rosa. „Aber Rosa", murmelt Känsterle hilflos, „du weißt doch, dass ich nicht zu so was tauge. Was soll ich denn den Buben sagen? Ein Nikolaus muss ein geübter Redner sein! Muss gut und viel sprechen..." Rosa glättet mit der Hand das Tischtuch und schüttelt den Kopf, wobei der Haarknoten, trotz des Kamms, der ihn wie ein braunes Gebiss festhält, eigensinnig wackelt. „Vermaledeiter Stockfisch!", zischt sie. „Nicht einmal den eignen Buben willst du diese Freude machen! Dabei hab ich schon im Konsum Nüsse, Datteln, Feigen, ein paar Apfelsinen und alles eingekauft!"

Känsterles Gemüt verdüstert sich. Er denkt an das schwere, ihm aufgezwungene Amt. Eine verstaubte Glühbirne wirft trübes Licht. Känsterle steht auf dem Dachboden; er verwandelt sich zögernd in einen Weihnachtsmann. Die Kutte, die den Hundertkilomann Weckhammer einst so prächtig gekleidet hat, ist dem gedrungenen Känsterle viel zu geräumig. Er klebt den Bart an die Ohren. Sein Blick streift die Stiefel, und dabei versucht er sich an die Füße Weckhammers zu erinnern. Er zerknüllt ein paar Zeitungen und stopft sie in die steinharten Bottiche. Obwohl er zwei Paar grobwollene Socken anhat, findet er noch immer keinen rechten Halt. Er zieht die Kapuze über den Kopf, schwingt den vollen Sack über die Schulter und ergreift den Krummstab. Der Abstieg beginnt. Langsam rutscht ihm die Kapuze über Stirn und Augen; der Bart verschiebt sich nach oben und kitzelt seine Nase. Känsterle sucht mit dem linken Fuß die nächste Treppenstufe und tritt auf den Kuttensaum. Er beugt den Oberkörper vor und will den rechten Fuß vorsetzen; dabei rollt der schwere Sack von der Schulter nach vorn, Mann und Sackrumpeln in die Tiefe. Ein dumpfer Schlag. In Känsterles Ohren trillert's. Ein Gipsfladen fällt von der Wand. „Oh! Jetzt hat sicher der Nikolaus angeklopft!", tönt Rosas Stimme hinter der Tür. Sie öffnet und sagt: „Mein Gott... was machst du denn da am Boden? Zieh' den Bart zurecht, die Kinder kommen!"

Känsterle zieht sich am Treppengeländer hoch, steht unsicher da. Dann holt er aus und versetzt Rosa eine Backpfeife. Rosa heult auf, taumelt zurück; Känsterle stampft ins Wohnzimmer, reißt Rosas Lieblingsstück, einen Porzellanpfauen, von der Kommode und schlägt ihm an der Kante den Kopf ab. Dann packt er den Geschirrschrank; er schüttelt ihn, bis die Scherben aus den Fächern hageln. Dann fliegt der Gummibaum samt Topf durch ein Fenster und ein Winterfenster; auf der Straße knallt es.

„Er schlachtet die Buben ab!", kreischt Rosa durchs Treppenhaus. Auf allen Stockwerken öffnen sich Türen. Ein wildes Gerenne nach oben. Man versammelt sich um Rosa, die verdattert an der Wand steht und in die offene Wohnung zeigt. Als erster wagt sich Herr Hansmann in die Stube, betrachtet die Zerstörungen; ein Glitzern kommt in seine Augen, und er sagt: „Mein lieber Känsterle, ist das alles?"

Elend hockt der Weihnachtsmann im Sessel, während Paul und Konradle unter dem Sofa hervorkriechen. Ein kalter Wind zieht durch die Stube.

Arbeitszeit: 60 Min.

Viel Erfolg!

Von 32 Punkten hast du ___ Punkte erreicht.

Note: ___

Lösung: 2. Schulaufgabe – Kurzgeschichte zusammenfassen

Aufgabe
Fasse den Inhalt der Kurzgeschichte zusammen. Gehe im Schluss kurz darauf ein, was du daraus lernen kannst!

In der Kurzgeschichte „Känsterle" von Rainer Brambach geht es um einen Familienvater, der tut, was seine Frau sagt, bis er am Nikolaustag die Treppe hinunterfällt und ausrastet. Wallfried Känsterle sitzt in seinem Wohnzimmer und schaut fern als seine Frau ihn darauf hinweist, dass er die Winterfenster im nächsten Frühling streichen soll. Außerdem soll er auch noch die Fenster kitten. Sie weist ihn darauf hin, dass Herr Hansmann dies getan hat, obwohl seine Fenster noch in Ordnung waren. Känsterles Frau regt sich auf, weil dieser Fern schaut anstatt mit ihr zu sprechen. Sie erzählt ihm davon, dass sie beim Einkaufen Frau Weckhammer getroffen habe und da deren Mann verstorben sei, sein Nikolauskostüm übrig wäre. Frau Känsterle hat mit Frau Weckhammer ausgemacht, dass Herr Känsterle das Kostüm abholt und an St. Nikolaus so den Kindern eine Freude macht. Er regt sich darüber auf, denn er kann nicht gut reden, und das müsse ein Nikolaus doch können.

Am Nikolaustag ist Känsterle also auf dem Dachboden und zieht sich das viel zu große Kostüm an. Er hat schlechte Laune und begibt sich auf den Weg nach unten. Doch weil das Kostüm samt Stiefeln viel zu groß ist, stolpert er auf der Treppe und fällt sie hinunter. Als seine Frau in den Flur kommt, schimpft sie ihn ein weiteres Mal und Känsterle verliert die Geduld. Er wird so wütend, dass er seiner Frau eine Backpfeife gibt und dann ins Wohnzimmer stürmt, wo er Geschirr und Porzellan zerstört. Die Frau ruft voller Entsetzen die Nachbarn herbei, die sich um die Wohnung versammeln, in der Känsterle elend im Sessel sitzt.

Tipps und Hinweise sowie **Das muss ich wissen**
siehe Lösung Schulaufgabe 2.1

Schulaufgabe 3.1

3. Schulaufgabe – Textgebundener Aufsatz

Name: _____

Aufgabe
Verfasse einen textgebundenen Aufsatz (TGA) zum beiliegenden Text „Funkgerät als einzige Nabelschnur!
1. Schreibe eine vollständige Einleitung.
2. Fasse den Inhalt des Textes in eigenen Worten zusammen.
3. Beschreibe das Layout des Textes und seine Funktion.
4. Beschreibe sprachliche Auffälligkeiten des Textes und ihre Wirkung.
5. Formuliere einen Schlussteil mit eigener Meinung.
Achte auf eine ordentliche Schrift und eine saubere äußere Form.

Arbeitszeit: 60 Min.

Viel Erfolg!

Von 32 Punkten hast du ___ Punkte erreicht.
Note: ___

Funkgerät als einzige Nabelschnur
14-jährige fliegt allein

Es sind diese ruhigen sonnigen Sommertage im August, die gute Bedingungen für motorlose Überlandflüge bieten. Der späte Nachmittag am vergangenen Sonntag sollte allerdings für eine Segelflugschülerin aus Lintorf ein ultimatives Ereignis bringen, was nicht zu wiederholen ist.
Angefangen hatte es damit, dass der diensthabende Fluglehrer Christian Kolthoff feststellte, hier ist für die Vorbereitung des ersten Alleinfluges alles abgearbeitet, die bekannte gelbe Schulungsmaschine vom Typ ASK 13 wird aus dem vorderen Sitz eigenverantwortlich gesteuert. Der Fluglehrer wird zum Fluggast. 5
Maren Schütte, 14-jährige Schülerin des Gymnasiums Bad Essen, soll in Absprache mit den anwesenden Fluglehrern ihren ersten Alleinflug absolvieren. Maren kam mit zwölf Jahren zu den Wittlager Fliegern und durfte seit dem 13. Lebensjahr mit Sondergenehmigung in den vorderen Sitz des Segelflugdoppelsitzers steigen. Aber warum eine Sondergenehmigung? Eigentlich ist Segelfliegen erst ab dem 14. Lebensjahr möglich. Maren hat schon früh ein festes Ziel vor Augen, möchte später beruflich mit der Fliegerei etwas zu tun haben. 10 15
„Erst einen technischen Beruf in diesem Bereich erlernen und später dann nach vorn ins Cockpit eines Airliners, wenn es klappen sollte", ist klar ausgemachtes Ziel der Schülerin. 20
Aber jetzt steht erst auf dem Bohmter Flugplatz das besondere Ereignis für Maren an. Fluglehrer Günter Heinrich dreht mit Maren Schütte eine letzte gemeinsame Runde. Ergebnis: „Ich hatte nichts zu tun." 25
Dann ist es soweit, der andere Fluglehrer, Christian Kolthoff, bringt es ihr schonend bei: „Du kannst jetzt zu deinen Alleinflügen starten, wenn du es möchtest." Und dieser Satz verändert fast alles. Denn irgendwie sind es doch noch Kinder, die plötzlich, auf sich allein gestellt, ein Segelflugzeug mit 17 Metern Spannweite sicher starten, im Luftraum bewegen und dann zum Abschluss noch eine sanfte Landung hinlegen sollen. 30 35

Die Aufregung kommt prompt. Jetzt allein im Cockpit, die Checkliste laut „runterbeten"; der Fluglehrer steht neben dem Flugzeug und klinkt das Startseil ein. „Du wirst auch die Erfahrung machen, dass nach dem Start alles zuverlässig klappt", gibt er Maren mit auf den Weg. 40
Maren meistert ihren Flug perfekt 45
Maren hebt im Cockpit den Daumen und signalisiert Startbereitschaft. Die 300 PS starke Startwinde am anderen Ende des Flugplatzes zieht das Schleppseil an und nach nur drei Sekunden hebt Maren ab. In 400 Metern klinkt das Seil aus, dann ist für einige Minuten Entspannung angesagt. Die junge Flugschülerin fliegt die allseits bekannte Platzrunde ab, hier noch einen Vollkreis, und schon kommt über Funk die Meldung „Position zur Landung". Alles passt, die Landeeinteilung, die Fahrt, sprich leicht erhöhte Fluggeschwindigkeit, ist deutlich zu hören, wenn sie jetzt die Landeklappen... ja, da kommen sie schon aus den Tragflächen ausgefahren. Alle Augen auf Maren, die nun in passender Höhe über die Landebahn fliegt und den schwierigsten Teil der Landung hervorragend meistert. „Perfekt!", kommt es aus vielen Mündern der Zuschauenden, die ASK 13 rollt noch ein wenig aus, und eine Tragfläche senkt sich. Kolthoff schmunzelt: „Es sind diese Momente, die den Freizeitjob als Fluglehrer immer wieder so angenehm machen." 50 55 60 65
Maren Schütte ist nun mitten drin bei den Segelfliegern, aus einem flugbegeisterten Kind ist nun eine junge Pilotin geworden, sie darf die erste Schwinge tragen. Dass sie wie gewohnt einen Distelstrauch zur Förderung der Feinfühligkeit am Steuerknüppel erhalten hat, ist Tradition. Auch das übliche „Hinternversohlen" wird gern erledigt, wobei Maren sich die Kandidaten genau gemerkt haben dürfte, die ihren Alleinflug noch vor sich haben. 70 75

Von Friedrich Lüke
Quelle: Neue Osnabrücker Zeitung am 08.08.2013

Lösung: 3. Schulaufgabe – Textgebundener Aufsatz

Aufgabe
Verfasse einen Textgebundenen Aufsatz (TGA) zum beiliegenden Text „Funkgerät als einzige Nabelschnur"!
1. Schreibe eine vollständige Einleitung.
2. Fasse den Inhalt des Textes in eigenen Worten zusammen.
3. Beschreibe das Layout des Textes und seine Funktion.
4. Beschreibe sprachliche Auffälligkeiten des Textes und ihre Wirkung.
5. Formuliere einen Schlussteil mit eigener Meinung.
Achte auf eine ordentliche Schrift und eine saubere äußere Form.

Im Bericht „Funkgerät als einzige Nabelschnur – 14-jährige fliegt allein", der am 08.08.2013 in der Neuen Osnabrücker Zeitung erschienen ist, informiert Friedrich Lüke über den ersten Alleinflug mit einem Segelflugzeug der Schülerin Maren Schütte.

Im ersten Sinnabschnitt (Z. 1-7) wird deutlich, dass Fluglehrer Christian Kolthoff alle Vorbereitungen für einen Alleinflug mit der Schulungsmaschine vom Typ ASK 13 für abgeschlossen hält. Anschließend (Z. 8-19) erfährt der Leser, dass Schülerin Maren Schütte mit zwölf Jahren zu den Wittlager Fliegern kam und seit ihrem 13. Lebensjahr im vorderen Sitz fliegt. Dies war eine Sondergenehmigung für die 14-jährige, deren Ziel die berufliche Fliegerei ist. Wie Zeile 20-24 zeigen, sei es ihr Wunsch erst einen technischen Beruf in diesem Bereich zu erlernen und später im Cockpit eines Airliners zu sitzen. Marens Fluglehrer Günter Heinrich dreht eine letzte Runde mit ihr und erklärt, er habe nichts zu tun gehabt (Z. 24ff.)

So wird der Leser im 4. und 5. Absatz (Z. 29-44) Zeuge, wie Maren von Fluglehrer Kolthoff erfährt, dass sie ihren ersten Alleinflug starten könne und wie die Aufregung dann prompt über sie kommt. Doch der Fluglehrer macht ihr Mut und bestätigt, dass nach dem Start alles klappen werde.

Im nächsten Abschnitt (Z.45-68) zeigt Maren ihr Können und meistert den ersten Flug vom Start bis zur Landung perfekt. Fluglehrer Kolthoff ist stolz und genießt seinen Freizeitjob als Fluglehrer besonders in diesem Moment.

So wird aus der flugbegeisterten Maren letztendlich eine junge Pilotin, die den Traditionen eines Distelstrauchs am Steuerknüppel und dem üblichen „Hinternversohlen" nicht entgeht. (Z. 75ff.)

Der Text informiert ausführlich über die Schulungsmaschinen des Bohmter Flugplatzes (Z. 4f., Z. 24 f., Z. 46ff., Z. 64f.). Die Recherche des Autors wird durch die wörtliche Rede (z.B. Z. 20ff.) betont, die sie nutzt, um Zitate der Beteiligten hervorzuheben. Die ausführliche Recherche wird an vielen Stellen deutlich, da Friedrich Lüke über viele Details wie z.B. Traditionen nach einem ersten Alleinflug Bescheid weiß (siehe letzter Abschnitt).

Abschließend lässt sich sagen, dass ich es sehr interessant finde, von einer so jungen Pilotin zu lesen und mich der Artikel angeregt hat, mich selbst über die Möglichkeit eine Flugstunde zu nehmen zu informieren.

Klasse 7, Deutsch, Schulaufgaben von bayerischen Realschulen

Lösung: Schulaufgabe 3.1

Tipps und Hinweise
In der Einleitung schreibst du Informationen zu: **Quellenangabe**, **Titel**, **Autor**, **Textsorte**, **Erscheinungsdatum** und eine **Kernaussage**.
Den Text in **Sinnabschnitte** zu gliedern, macht die **Zusammenfassung** einfacher. Nutze dann unterschiedliche Einleitungen wie z.B. *Im Sinnabschnitt ..., Anschließend erfährt der Leser ..., Im Absatz... wird deutlich.* Denke dabei daran, die Textstelle zu markieren, also einen Hinweis auf die Zeilen zu geben.

Tipps und Hinweise
Verwende passende **Satzverknüpfungen** wie: *wenn, während, wegen, bei, deshalb, trotz ...*
Ersetze *sagen* durch treffende Verben wie: *verraten, erklären, erläutern, behaupten ...*
Wichtige wörtliche Rede kann in einer **Zusammenfassung** in der **indirekten Rede** genannt werden.

Tipps und Hinweise
Sprachliche Mittel, die du betrachten kannst, sind:
- **Satzbau und Satzarten**: sind es einfache Hauptsätze, lange Satzgefüge, Fragesätze, Ausrufesätze, Aufzählungen ...
- **Wortwahl**: auffällige Nomen, Verben, Adjektive, gibt es Fachwörter, Fremdwörter ...
- **Andere sprachliche Mittel**: wörtliche Rede, Umgangssprache, sprachliche Bilder (Metaphern), Vergleiche, Alliterationen ...

Das muss ich wissen
Ein **Textgebundener Aufsatz (TGA)** besteht aus einer **Einleitung**, einem **Hauptteil** und einem **Schluss**
Im Hauptteil schreibst du eine **Inhaltsangabe**, die sachlich und knapp ist. Sie steht im **Präsens**. Weiter gehst du auf die sprachlichen Mittel ein, die dir auffallen. Am Ende folgt im Schlussteil eine **Stellungnahme** von dir

Klasse 7, Deutsch, Schulaufgaben von bayerischen Realschulen

3. Schulaufgabe – Textgebundener Aufsatz

Name: _____

Aufgabe
Verfasse einen Textgebundenen Aufsatz (TGA) zum beiliegenden Text „Handys machen dumm!"

1. Schreibe eine vollständige Einleitung.
2. Fasse den Inhalt des Textes in eigenen Worten zusammen.
3. Beschreibe das Layout des Textes und seine Funktion.
4. Beschreibe sprachliche Auffälligkeiten des Textes und ihre Wirkung.
5. Formuliere einen Schlussteil mit eigener Meinung.

Achte auf eine ordentliche Schrift und eine saubere äußere Form.

Arbeitszeit: 60 Min.

Viel Erfolg!

Von 32 Punkten hast du ___ Punkte erreicht.

Note: ___

Die Kolumne: Handys machen dumm

Im Handy-Zeitalter findet Kommunikation grenzenlos und zeitlos statt. Telefon, E-Mail, SMS, WhatsApp, Facebook: wir sind immer und jederzeit ansprechbar. Mussten wir Leuten früher stundenlang hinterher telefonieren, Tage auf Briefe warten und vielleicht Sekretärinnen überwinden, so können wir heute unsere Anliegen stets unmittelbar vortragen. Just in time! 5

Und gerne freuen wir uns, wenn auch unsere Kinder stets erreichbar und – nicht zuletzt – auch überprüfbar sind. Es ist noch gar nicht lange her, da haben wir uns bei Einführung von ISDN geärgert, dass die Telefonnummer sichtbar wird. Und jetzt ist der Tag nicht mehr fern, an dem wir uns ärgern werden, wenn wir den Standort des Anrufers nicht auch noch erkennen. Und dann ist es schön zu sehen, ob unsere Kinder 10 in der Schule oder auf dem Fußballplatz sind und vielleicht können wir sogar orten, ob es der Klassenraum oder der Chemiesaal ist.

Gerade jetzt, wo wir die Zukunft so wunderschön vor Augen haben, jederzeit wissen, wer was wann wo mit wem tut, da überrascht uns eine Studie mit einem dramatischen Ergebnis. Intensive Handynutzung macht dumm! Es ist so, als würde man eine Woche 15 Schulzeit pro Jahr streichen.

Ja, eine Studie aus Großbritannien hat die Leistungen von Schülern aus verschiedenen Jahrgangsstufen an Schulen mit und ohne Handyverbot verglichen. Das Ergebnis war schon ernüchternd: Intensive Handykommunikation sorgt für deutlich schlechtere Leistungen und Noten in der Schule. 16-jährige Schüler hatten bei Handyverbot 20 durchschnittlich 6 Prozent bessere Ergebnisse erzielt. Dabei ist es gar nicht einmal notwendig, das Handy in den Unterrichtsstunden stets im Auge zu behalten. Allein die Tatsache, dass die Kommunikation im Vordergrund steht und der Unterricht die unliebsame Unterbrechung darstellt, bindet ganz offensichtlich so erheblich Aufmerksamkeit, dass Schüler aufmerksam werden. 25

Aber jede Regel hat auch Ausnahmen! Und die sind in diesem Falle ebenso interessant: Die leistungsstarken und guten Schüler beeinflusst das Handy so gut wie gar nicht. Es sind die schwächeren Schüler und diejenigen aus unteren Schichten, die am meisten betroffen sind. Wer sowieso gut ist, den lenkt das Handy auch nicht ab. Damit wird das Handyverbot zu einem Motor für Chancengleichheit! 30

Übertragen wir das Ergebnis auf die Arbeitswelt, denn jetzt wird es viele Chefs geben, die kopfnickend diese Zeilen lesen und wissen, dass viele ihrer Mitarbeiter den Job schlechter machen, wenn Handy und Facebook ständig präsent sind. Und jetzt könnte es auch noch so sein, dass diejenigen, die den schlechteren Job machen, am intensivsten von der Arbeit abgehalten werden? In der Schule geht eine Woche 35 Unterrichtsstoff flöten. Und im Job? Eine Woche Urlaub streichen?

Quelle: nh24.de – Rainer Sander – 04.06.2015

Lösung: 3. Schulaufgabe – Textgebundener Aufsatz

Aufgabe
Verfasse einen textgebundenen Aufsatz (TGA) zum beiliegenden Text „Handys machen dumm!"
1. Schreibe eine vollständige Einleitung.
2. Fasse den Inhalt des Textes in eigenen Worten zusammen.
3. Beschreibe das Layout des Textes und seine Funktion.
4. Beschreibe sprachliche Auffälligkeiten des Textes und ihre Wirkung.
5. Formuliere einen Schlussteil mit eigener Meinung.
Achte auf eine ordentliche Schrift und eine saubere äußere Form.

In seiner Kolumne „Handys machen dumm!", die am 04.06.2015 auf der Website nh24.de erschienen ist, informiert Rainer Sander über den drastischen Einfluss, den Handys haben. Im ersten Sinnabschnitt (Z. 1-5) geht der Autor auf die modernen Kommunikationsmöglichkeiten mit dem Computer und Smartphone ein und erinnert gleichzeitig an früher als Kommunikation langsamer funktionierte. Dies erläutert er weiter im nächsten Absatz (Z. 6-12,) wo erneut dargestellt wird, wie sich die Kommunikation im Laufe der Zeit verändert hat und das beispielsweise heutzutage selbst eine Überprüfung des Standorts der eigenen Kinder möglich ist (Z. 6f.). Dies ermöglicht die intensive Nutzung von Smartphones, die jedoch drastische Folgen hat. „Intensive Handynutzung macht dumm!", so schreibt Sanders (Z. 15) und weist auf eine Studie hin, aus der dies hervorgeht. Im nächsten Abschnitt (Z. 17-25) geht er näher auf die Studie aus Großbritannien ein, die zeigte, dass intensive Handykommunikation für schlechte Schulnoten sorgt und Schüler mit Handyverbot 6% bessere Leistungen erzielten (Z. 20f.). Dennoch gibt es auch Ausnahmen zu diesem Befund. Leistungsstarke Schüler sind demnach weniger betroffen als leistungsschwächere (Z. 27ff.). Abschließend überträgt der Autor den Befund der Studie auf die Arbeitswelt und stellt die Frage, ob ein Chef zukünftig eine Woche Urlaub streichen solle, da bei Handynutzung weniger Konzentration auf der Arbeit liegt (Z. 31-36).

Der Text beschäftigt sich mit einem aktuellen und modernen Thema, was beispielsweise aus der Nennung sozialer Medien hervorgeht (Z. 1f.). Der Autor greift nicht nur die aktuelle Problematik auf, sondern reflektiert zurück auf frühere Zeiten (Z. 3f. und Z. 7f.). Dass es sich nicht um einen reinen Sachtext handelt, erkennt man an Stellen wie in Zeile 17, wo der Autor umgangssprachlich seinen Satz mit „Ja,..." beginnt. Eine weitere Stelle für den eher umgangssprachlichen Stil des Autors ist Zeile 35f. „In der Schule geht eine Woche Unterrichtsstoff flöten."

Die Kolumne soll zum Nachdenken anregen, man merkt, dass das Thema den Autor beschäftigt und er persönlich davon betroffen ist. So schreibt er z.B. in Zeile 2 „Wir sind jederzeit ansprechbar." Oder in Zeile 7 „Es ist noch gar nicht lange her, da haben wir uns aufgeregt." Er zieht sich selbst mit ein und zeigt somit, dieses Thema betrifft ihn selbst auch.

Insgesamt empfinde ich die Kolumne als anregend und ich denke das Ziel des Autors, die Gefahr der Handys aufzudecken, ist gelungen. Durch seinen ansprechenden Schreibstil erreicht er mich als Leser direkt.

> **Tipps und Hinweise** sowie **Das muss ich wissen**
> siehe Lösung Schulaufgabe 3.1

4. Schulaufgabe – Nach literarischem Vorbild erzählen (Gedicht)

Name: _____

Aufgabe
Schreibe eine Erzählung zum Gedicht „Der Zirkus" von Mascha Kaléko!

Der Zirkus

Der Zirkus kam heut' morgen an
Im rotgestreiften Wagen.
Am Fußballplatz, gleich nebenan,
Sind Zelte aufgeschlagen.
Horch, auf der Straße hörst du's schon!
Da kommt die bunte Prozession,
Mit Pauken und Trompeten
Und Tamburin und Flöten.

Als erster Tschang, der Akrobat,
Mit seinem riesigen Plakat.
Danach die Musikanten
Und sieben Elefanten!
Es folgt das wilde Pußta-Pferd,
Der zahme Bär, der Dreirad fährt,
Im Kopfschmuck ein Indianer
Und zehn Liliputaner.

Nun kommt ein Seehund, der jongliert,
Ein Äffchen, das sich selbst rasiert –
Da jubeln die Passanten!
Und wieder Elefanten.
Ein Feuerschlucker! Der hat Mut.
Sein Leibgericht ist Kohlenglut.
Was guckt er nur so schüchtern?
Der ist gewiß noch nüchtern.
Ein Türke schenkt 'nen roten Fez,
Ein Fräulein schwebt an dem Trapez.
Es glitzert vor Brillianten!
Und wieder Elefanten.
Nun kommt, recht drollig anzuschaun,
Mit einem Purzelbaum – der Clown
Und ein Fakir, sooo mager,
Auf seinem Hungerlager.

Schulaufgabe 4.1

Der Zirkus kam heut' morgen an,
Das wissen alle Kinder.
Sie drängeln sich schon um den Mann
Im goldenen Zylinder.
Sein Arm ist hellblau tätowiert.
Horch, wie er brüllt! „Herrreinspaziert!
Soldaten, Kinder, Greise
Und Zwerge – halbe Preise."

Arbeitszeit: 60 Min.

Viel Erfolg!

Von 32 Punkten hast du ___ Punkte erreicht.

Note: ___

Lösung: 4. Schulaufgabe – Nach literarischem Vorbild erzählen (Gedicht)

Aufgabe
Schreibe eine Erzählung zum Gedicht „Der Zirkus" von Mascha Kaléko!

Ein aufregendes Wochenende

An einem Donnerstagmorgen fuhren in Silberstein etliche bunte Zirkuswagen vor und parkten auf der großen Wiese neben dem Fußballfeld. Zirkus Harlekin war wieder im Dorf und es herrschte große Aufregung unter den Bewohnern. Dieses Wochenende sollte ein ganz besonderes werden. Die grüne Wiese war bedeckt mit bunten Zelten, in denen die Artisten und Zirkusmitarbeiter wohnten, und in der Mitte war, groß und bunt, das runde Zirkuszelt, in dem am Samstag und Sonntag die Aufführungen stattfinden sollten. Man konnte nicht nur sehen, sondern auch hören, dass der Zirkus im Dorf war. Trompeten- und Trommelgeräusche lagen in der Luft und die Dorfbewohner freuten sich auf die erste Vorstellung. Schon am Donnerstag, direkt nach der Ankunft, lief der Zirkusdirektor mit seinem goldenen Zylinder auf dem Kopf durchs Dorf und lud die Menschen für die Aufführungen ein. „Und denkt daran: Soldaten, Kinder, Greise und Zwerge zahlen nur den halben Eintrittspreis!", hörte man ihn wieder und wieder sagen. Die Menschen kannten ihn schon, und besonders die Kinder waren fasziniert von seinem hellblau tätowierten Arm. Ja, ein faszinierender Mann, der Herr Direktor.

Am Samstag war es dann soweit, die erste Vorstellung begann um 19 Uhr. Alle Sitzplätze waren besetzt, das ganze Dorf war gekommen, um dieses Spektakel zu sehen. Mit großem Applaus begrüßten sie den ersten Auftritt: der Akrobat, der ein großes Plakat über den Köpfen der Zuschauer hin und her schwebte. Weiter ging es mit der gut bekannten und lustigen Musik, zu der die sieben Elefanten tanzten. Für jeden der Zuschauer war etwas geboten. Da gab es das Pußta-Pferd und den zahmen Bären, der auf dem Dreirad so niedlich aussah, dass die ganze Menge applaudierte. Besonders die Kinder liebten seinen Kopfschmuck, der aus einem Indianer und zehn Liliputanern bestand. Ein toller Anblick! Doch auch der jonglierende Seehund und das Äffchen, das sich selbst rasierte, begeisterten die Menge. Und immer wieder kam zwischendurch die Musik mit den Elefanten.

Als der Feuerschlucker, ein kräftiger, mutiger Mann in die Mitte trat, wurde es plötzlich mucksmäuschenstill. Die Menge hielt den Atem an, denn was er konnte, war großartig. Nach dieser spannenden Einlage folgte ein Türke, der mit einem roten Fez auftrat und die wunderschöne Trapezakrobatin, die an dem glitzernden Trapez so graziös aussah, dass wieder alle die Luft anhielten. Der große Spaß für alle Kinder war natürlich der purzelbaumschlagende Clown, der für so viel Gelächter sorgte, dass manch einer sich den Bauch halten musste. Und dann zum Schluss kam noch ein Fakir, der die Vorstellung abrundete.

Die Menge tobte, der Applaus hörte nicht auf, es war eine grandiose Vorstellung gewesen und ganz besonders war in diesem Jahr, wie zahlreich die verschiedenen Auftritte doch waren.

Tipps und Hinweise

Um ein **Gedicht** bzw. eine **Ballade** (siehe Schulaufgabe 4.2) in eine **Erzählung** umzuwandeln, solltest du verschiedene Dinge beachten:

- Lies den Text ganz genau und kläre Unklarheiten mit Hilfe eines Wörterbuchs.
- Schreibe dir wichtige Textstellen heraus oder unterstreiche wichtige Wörter, die zentral für die Erzählung sind.
- Überlege dir die Antworten auf die **W-Fragen** zur Handlung: *Wer? Wo? Wann? Wie? Warum? Was?*
- Versetze dich in die einzelnen Figuren hinein und überlege, was sie denken oder fühlen könnten. Baue dies dann in deine Erzählung mit ein.
- Nutze verschiedene Satzanfänge und abwechslungsreiche Verben und Adjektive.
- Um die Erzählung lebendiger zu machen, kannst du die **wörtliche Rede** verwenden.

Das muss ich wissen

Bei der **Erzählung** sollte Folgendes beachtet werden:

- Die **Einleitung** führt in die Erzählung ein, die wichtigsten **W-Fragen** werden beantwortet (siehe Tipps und Hinweise) und sie macht neugierig auf das Weitere (durch einen Köder)
- Im **Hauptteil** werden die Handlungsschritte des **Gedichts** bzw. der **Ballade** (siehe Schulaufgabe 4.2) aufgeführt. Hier werden Informationen ergänzt oder vielleicht auch verändert, um die Erzählung lebendig und interessant zu gestalten. Es gibt einen Höhepunkt
- Der **Schluss** rundet die Erzählung sinnvoll ab und kann Fragen bewusst offen lassen
- Die Erzählung hat eine passende **Überschrift**
- Als Zeitform wird das **Präteritum** genutzt. Ereignisse, die bereits vor der Geschichte stattgefunden haben, werden mit dem **Plusquamperfekt** beschrieben

4. Schulaufgabe – Nach literarischem Vorbild erzählen (Ballade)

Name: _____

Aufgabe
Schreibe eine Erzählung zur Ballade „Der Erlkönig" von Johann Wolfgang Goethe!

Wer reitet so spät durch Nacht und Wind?
Es ist der Vater mit seinem Kind;
Er hat den Knaben wohl in dem Arm,
Er fasst ihn sicher, er hält ihn warm.

Mein Sohn, was birgst du so bang dein Gesicht?
Siehst, Vater, du den Erlkönig nicht?
Den Erlenkönig mit Kron und Schweif?
Mein Sohn, es ist ein Nebelstreif.

„Du liebes Kind, komm, geh mit mir!
Gar schöne Spiele spiel ich mit dir;
Manch bunte Blumen sind an dem Strand,
Meine Mutter hat manch gülden Gewand."

Mein Vater, mein Vater, und hörest du nicht,
Was Erlenkönig mir leise verspricht?
Sei ruhig, bleibe ruhig, mein Kind;
In dürren Blättern säuselt der Wind.

„Willst, feiner Knabe, du mit mir gehn?
Meine Töchter sollen dich warten schön;
Meine Töchter führen den nächtlichen Reihn,
Und wiegen und tanzen und singen dich ein."

Mein Vater, mein Vater, und siehst du nicht dort
Erlkönigs Töchter am düstern Ort?
Mein Sohn, mein Sohn ich seh es genau:
Es scheinen die alten Weiden so grau.

„Ich liebe dich, mich reizt deine schöne Gestalt;
Und bist du nicht willig, so brauch ich Gewalt."
Mein Vater, mein Vater, jetzt fasst er mich an!
Erlkönig hat mir ein Leids getan!

Dem Vater grauset's, er reitet geschwind,
Er hält in Armen das ächzende Kind,
Erreicht den Hof mit Müh und Not;
In seinen Armen das Kind war tot.

Arbeitszeit: 60 Min.

Viel Erfolg!

Von 32 Punkten hast du ___ Punkte erreicht.

Note: ___

Lösung: 4. Schulaufgabe – Nach literarischem Vorbild erzählen (Ballade)

Aufgabe
Schreibe eine Erzählung zur Ballade „Der Erlkönig" von Johann Wolfgang Goethe!

Eine fürchterliche Nacht
In einer dunklen Nacht, versuchte ein Vater seinen schwer kranken Sohn zu retten, indem er auf dem Hof im Dorf nebenan beim Dorfarzt Hilfe suchen wollte. Doch alles kam anders als erwartet.
Der Vater nahm seinen schwer kranken und schwachen Sohn, wickelte ihn in eine dicke Decke, um ihn vor der Kälte zu schützen, und stieg auf sein gesatteltes Pferd. Noch in dieser Nacht wollte er ins Nachbardorf reiten, denn sein Sohn war schwer krank und schwach geworden. Er achtete darauf, dass der Kleine es warm und bequem hatte und machte sich auf in den eisigen Wind. Als die beiden einige hundert Meter hinter sich gelegt hatten, sah der Vater den Schrecken im Gesicht des Sohnes und fragte: „Mein liebes Kind, warum schaust du so voller Schrecken? Sei unbesorgt, ich reite um Hilfe für dich zu suchen. Alles wird gut werden." Der Sohn wisperte leise: „Aber Vater, kannst du den Erlkönig nicht sehen? Siehst du ihn nicht dort drüben samt Krone und Schweif?" „Ach mein liebes Kind", entgegnete der Vater, „das ist ein Nebelstreif. Schlaf einfach weiter, mach dir keinen Kopf." Doch der Sohn sah weiterhin den Erlkönig. Er hörte ihn sogar zu ihm sprechen. Er versprach: „Komm zu mir und du wirst es nicht bereuen. Ich werde mit dir spielen und wir werden große Freude haben. Du wirst die schönsten Kleider von meiner Mutter genäht bekommen und an einem wunderschönen Strand mit mir leben."
Der Sohn war ganz besorgt über dieses komische Versprechen und teilte seinem Vater gleich die Angst mit. Dieser aber versuchte ihn zu beruhigen, indem er auf den Wind verwies, der durch die Blätter wehte und den der Sohn wohl als Stimmen vernommen haben musste. Doch wieder hörte der Sohn die Stimme des Erlkönigs: „Liebes Kind, komm nur, ich habe wunderschöne Töchter die mit dir noch hier in dieser Nacht singen und tanzen werden." „Oh, Vater!", ruft da der Sohn voller Furcht, „siehst du die Töchter des Erlkönigs? Dort hinten, da stehen sie, schau nur hin." Der Vater aber sah keine Töchter und meinte nur, es seien die alten Weiden, die man durch den Mondschein sehen konnte. Der Erlkönig ließ weiter nicht locker und drohte dem Sohn mit Gewalt, wenn er nicht hören wolle. Dieser flehte seinen Vater ein letztes Mal um Hilfe an „Vater, Vater, hilf mir doch, der Erlkönig will mir Schaden zufügen – er tut mir weh!" Der Vater bekam es so langsam mit der Angst zu tun und ritt so schnell er konnte ins Nachbarsdorf. Als er dort schweißüberströmt ankam, musste er mit Schrecken feststellen, dass sein geliebter Sohn in seinem Arm gestorben war.
Er brach zusammen und weinte so bitterlich, dass man es durch den ganzen Wald hören konnte. Er weinte so lange bis keine Träne mehr aus seinen Augen kam. Dann ritt er zurück, mit gesenktem Kopf und schwerem Herzen.

Tipps und Hinweise sowie **Das muss ich wissen**
siehe Lösung Schulaufgabe 4.1

---

1. Grammatiktest

1. Schreibe die fehlenden Wörter in die Lücken. Beachte die richtige Groß- und Kleinschreibung!

_____ (FAULENZEN) im Park

Heute ist ein außergewöhnlicher Tag. Das _____ (BLAU) des Himmels ist schöner als sonst. Die Vögel _____ (SINGEN) lauter denn je und Marie freut sich schon sehr auf ihr _____ (ESSEN) im Park. Sie hat genug zu _____ (TRINKEN) eingepackt, denn sie weiß, wie wichtig das _____ (TRINKEN) an einem heißen Tag ist. Im Park angekommen möchte Marie nur noch _____ (ENTSPANNEN). „Marie, lass uns ein _____ (RENNEN) veranstalten. Ich finde _____ (FAULENZEN) wird völlig überbewertet!", ruft Robert aufgeregt. Doch Marie ist sich sicher: „Heute rühre ich kein Bein. Ich will einfach _____ (ESSEN) und _____ (SCHLAFEN). Das reicht mir aus um ganz _____ (ZUFRIEDEN) zu sein.

12/____

2. Füge in folgenden Sätzen die fehlenden Kommas ein!

a) Ich werde Marco Marie Antonia und David zu meiner Geburtstagsfeier einladen.
b) Der Mechaniker muss einen Schutzanzug tragen, er arbeitet schließlich mit gefährlichen Stoffen.
c) Das Essen ist ausgewogen und gesund und wird uns alle stärken.
d) Leonie muss doch operiert werden obwohl sie ihr Bein die ganze Zeit geschont hatte.
e) Wenn du zum Supermarkt gehst kaufe Brot Zwiebeln Eier Brokkoli und Fenchel.
f) Viele der Schüler und Schülerinnen behaupten dass die Klassenarbeit zu schwer war.
g) Vielleicht ändert sich der Preis wieder im Moment ist es jedoch aussichtslos.

10/____

3. Fülle die Lücken mit den passenden Wörter der verlangten Wortart!

Ich brauche ungefähr die Hälfte _____ Taschengelds für mein neues
_{Possessivpronomen}

Hobby. Mein Bruder _____ muss zusätzlich einen Nebenjob machen,
_{Konjunktion}

um seine Computerspiele zu finanzieren _____ noch ein bisschen Geld übrig zu
_{Konjunktion}

Klasse 7, Deutsch, Schulaufgaben von bayerischen Realschulen

Grammatiktest 1.1

haben. _____ erst kaufte er ein neues Computerspiel für 70€. _____

Adverb der Zeit   *Präposition*

dem Dachboden haben wir eine ganze Box voller alter Gameboy- und Computerspiele. Meine

Mutter erklärt meinem Bruder immer wieder, dass sie ihm _____ dabei hilft sie zu

                                                                                                                Adverb der Art & Weise

verkaufen, _____ er bleibt stur. _____ finde _____ Verhalten idiotisch.

             Konjunktion   *Personalpronomen* *Possessivpronomen*

                                                                                                                     18/____

4. Haupt- und Nebensätze: Bestimme in folgenden Sätzen die Haupt- und Nebensätze durch Unterstreichen: Hauptsätze blau und Nebensätze gelb!

a) Harry Potter war der erste Film, den ich im Kino gesehen habe.

b) Die Party war super, weil die Musik toll zum Tanzen war.

c) Ich bin 17 Jahre alt und ich wohne bei meinen Eltern.

d) Du hast eine Chance zu gewinnen, indem du deine Strategie nicht verrätst.

e) Damit das Experiment funktioniert, müssen alle genau zuhören.

                                                                                            10/____

5. Es gibt fünf verschiedene Arten von Pronomen. Nenne diese und schreibe jeweils zwei Beispielsätze mit unterschiedlichen Pronomen!

    a) _____:

    b) _____:

    c) _____:

    d) _____:

    e) _____:

                                                                                                     15/____

                                                                                         Gesamt: 65/____

Viel Erfolg!

Lösung: Grammatiktest 1.1

Lösung: 1. Grammatiktest

1. Schreibe die fehlenden Wörter in die Lücken. Beachte die richtige Groß- und Kleinschreibung!

Faulenzen (FAULENZEN) im Park
Heute ist ein außergewöhnlicher Tag. Das *Blau* (BLAU) des Himmels ist schöner als sonst. Die Vögel *singen* (SINGEN) lauter denn je und Marie freut sich schon sehr auf ihr *Essen* (ESSEN) im Park. Sie hat genug zu *trinken* (TRINKEN) eingepackt, denn sie weiß, wie wichtig das *Trinken* (TRINKEN) an einem heißen Tag ist. Im Park angekommen möchte Marie nur noch *entspannen* (ENTSPANNEN). „Marie, lass uns ein *Rennen* (RENNEN) veranstalten. Ich finde *Faulenzen* (FAULENZEN) wird völlig überbewertet!", ruft Robert aufgeregt. Doch Marie ist sich sicher: „Heute rühre ich kein Bein. Ich will einfach *essen* (ESSEN) und *schlafen* (SCHLAFEN). Das reicht mir aus um ganz *zufrieden* (ZUFRIEDEN) zu sein.

Das muss ich wissen
Großschreibung
- Satzanfänge, Namen und Nomen schreibt man groß
- Verben und Adjektive werden groß geschrieben, wenn sie wie Nomen gebraucht werden (Nominalisierung) z.B. *Das Blau des Himmels*
- Zeitangaben, die Nomen sind werden groß geschrieben z.B. Wochentage, Tageszeiten

Kleinschreibung
- alle Verben werden klein geschrieben
- alle Adjektive werden klein geschrieben
- alle Pronomen werden klein geschrieben

---

2. Füge in folgenden Sätzen die fehlenden Kommas ein!

a) Ich werde Marco, Marie, Antonia und David zu meiner Geburtstagsfeier einladen.
b) Der Mechaniker muss einen Schutzanzug tragen, er arbeitet schließlich mit gefährlichen Stoffen.
c) Das Essen ist ausgewogen und gesund und wird uns alle stärken.
d) Leonie muss doch operiert werden, obwohl sie ihr Bein die ganze Zeit geschont hatte.
e) Wenn du zum Supermarkt gehst, kaufe Brot, Zwiebeln, Eier, Brokkoli und Fenchel.
f) Viele der Schüler und Schülerinnen behaupten, dass die Klassenarbeit zu schwer war.
g) Vielleicht ändert sich der Preis wieder, im Moment ist es jedoch aussichtslos.

Das muss ich wissen
Kommaregeln
- Selbständige Hauptsätze, die durch *und* oder *oder* zu einer Satzreihe verbunden werden, kann man durch ein Komma trennen, muss aber nicht (Das Komma ist also optional.)
- Bei Aufzählungen werden zwischen den aufgezählten Wörter oder Satzteilen Kommas gesetzt. Dies gilt nicht bei vor *und* und *oder*
- Wenn selbständige Hauptsätze mit einer Konjunktion zu einer Satzreihe verbunden werden, muss man ein Komma setzen
- Satzgefüge, die aus einen selbstständigen Hauptsatz und einem daran angehängten Nebensatz bestehen und mit Konjunktionen verbunden sind, werden durch ein Komma gegliedert

Klasse 7, Deutsch, Schulaufgaben von bayerischen Realschulen

Lösung: Grammatiktest 1.1

3. Fülle die Lücken mit den passenden Wörter der verlangten Wortart!

Ich brauche ungefähr die Hälfte *meines* Taschengelds für mein neues
                                             Possessivpronomen

Hobby. Mein Bruder *dagegen / hingegen* muss zusätzlich einen Nebenjob machen,
                          Konjunktion

um seine Computerspiele zu finanzieren *und* noch ein bisschen Geld übrig zu
                                        Konjunktion

haben. *Neulich / Kürzlich* erst kaufte er ein neues Computerspiel für 70€. *Auf*
      Adverb der Zeit   Präposition

dem Dachboden haben wir eine ganze Box voller alter Gameboy- und Computerspiele. Meine

Mutter erklärt meinem Bruder immer wieder, dass sie ihm *gerne* dabei hilft sie zu
                                                              Adverb der Art & Weise

verkaufen, *aber* er bleibt stur. *Ich* finde *sein* Verhalten idiotisch.
         Konjunktion   Personalpronomen Possessivpronomen

Das muss ich wissen
Wortarten
- Der *bestimmte Artikel* wird verwendet, wenn die Person, die Sache oder das Ding, das bezeichnet wird, bekannt ist. Ein *unbestimmter Artikel* wird verwendet, wenn es unbekannt ist
- *Nomen* (Substantive) bezeichnen Lebewesen, Gegenstände und abstrakte Begriffe wie z.B. Gefühle, Handlungen oder Vorstellungen
- *Adjektive* sind Eigenschaftswörter. Sie geben an, wie Menschen, Tiere oder Dinge beschaffen sind oder zeigen auf welche Weise etwas geschieht
- *Verben* sind Tätigkeitswörter oder Tunwörter. Sie bezeichnen eine Tätigkeit, einen Zustand oder einen Vorgang
- *Pronomen* können an Stelle eines Nomens gebraucht werden oder es begleiten
    - Personalpronomen (z.B. *ich, du, er, sie, es, wir*...) ersetzen Nomen und Namen
    - Possessivpronomen (z.B. *mein, dein, sein*...) kennzeichnen den Besitz oder die Zugehörigkeit
    - Demonstrativpronomen: (z.B. *dieser, jene, der, die das*...) weisen oder zeigen auf etwas hin
    - Relativpronomen beziehen sich auf ein Nomen im Hauptsatz
    - Indefinitpronomen (z.B. *man, jemand, keiner, einige, manche* ...) drücken ungefähre Mengenangaben oder Unbestimmtheit aus
- *Präpositionen* stehen oft vor einem Pronomen oder Nomen und geben an, in welcher Beziehung Lebewesen, Dinge oder Vorgänge zueinander sind. Es gibt:
    - Präpositionen des Ortes → *lokale* (Frage: *Wo? Wohin?*)
    - Präpositionen der Zeit → *temporale* (Frage: *Wann?*)
    - Präpositionen der Art und Weise → *modale* (Frage: *Wie? Woraus?*)
    - Präpositionen des Grundes → *kausale* (Frage: *Warum?*)
- *Konjunktionen* verbinden Sätze und Satzglieder:
    - Nebengeordnete Konjunktionen leiten einen Hauptsatz ein z.B. *denn, doch, aber, und*
    - Untergeordnete Konjunktionen leiten einen Nebensatz ein z.B. *weil, da, dass, damit*
- *Adverbien* beziehen sich auf das Verb eines Satzes und beschreiben genauere Umstände eines Geschehens. Es gibt:
    - *Temporaladverbien* → Zeit: Wann? (z.B. *neulich, gestern, danach*...)
    - *Lokaladverbien* → Ort: Wo? (z.B. *rechts, überall, draußen*...)
    - *Modaladverbien* → Art und Weise: Wie? (z.B. *umsonst, gern, sowieso*...)
    - *Kausaladverbien* → Grund: Warum? (z.B. *deshalb, darum, deswegen*...)

Lösung: Grammatiktest 1.1

4. Haupt- und Nebensätze: Bestimme in folgenden Sätzen die Haupt- und Nebensätze durch Unterstreichen: Hauptsätze blau und Nebensätze gelb!

a) Harry Potter war der erste Film *(HS)*, den ich im Kino gesehen habe. *(NS)*
b) Die Party war super *(HS)*, weil die Musik toll zum Tanzen war. *(NS)*
c) Ich bin 17 Jahre alt *(HS)* und ich wohne bei meinen Eltern. *(HS)*
d) Du hast eine Chance zu gewinnen *(HS)*, indem du deine Strategie nicht verrätst. *(NS)*
e) Damit das Experiment funktioniert *(NS)*, müssen alle genau zuhören. *(HS)*

Das muss ich wissen

Ein **Satzgefüge** besteht aus mindestens einem **Hauptsatz** und einem **Nebensatz**
- Ein Nebensatz wird zumeist mit einer **untergeordneten Konjunktion** wie *als, dass, wenn* oder einem **Relativpronomen** wie *der, die, das, welche, welcher, welches* eingeleitet
- Den Hauptsatz erkennt man daran, dass die Personalform des Prädikats nach dem ersten Satzglied an zweiter Stelle im Aussagesatz steht
- Im Nebensatz findet man die Personalform des Prädikats am Schluss
- Haupt- und Nebensatz werden durch ein **Komma** getrennt
- Der Nebensatz kann vor, hinter oder innerhalb des Hauptsatzes stehen

---

5. Es gibt fünf verschiedene Arten von Pronomen. Nenne diese und schreibe jeweils zwei Beispielsätze mit unterschiedlichen Pronomen!

a) *Personalpronomen:*   *<u>Ich</u> fahre mit dem Fahrrad.*
                              <u>Sie</u> backt einen Kuchen.
b) *Possessivpronomen:*   *Das Fahrrad gehört <u>meinem</u> Bruder.*
                              Er sucht nach <u>seinem</u> Schlüssel.
c) *Indefinitpronomen:*   *Es wäre schön, wenn <u>alle</u> kommen könnten.*
                              <u>Manche</u> Kinder können nicht lesen.
d) *Demonstrativpronomen:*   *An <u>diesem</u> Tag gehen wir spazieren.*
                              Es war Lucie, <u>die</u> den Mut hatte anzurufen.
e) *Relativpronomen:*   *Der Hund, <u>dessen</u> Herrchen lachte, war süß.*
                              Der Film, <u>den</u> ich anschaue, ist spannend.

Das muss ich wissen

Pronomen können an Stelle eines Nomens gebraucht werden oder es begleiten. Es gibt
- **Personalpronomen** *(ich, du, er, sie, es, wir, ihr, sie)* die Tiere, Personen, Pflanzen oder Dinge vertreten und somit persönliches Fürwort sind
- **Possessivpronomen** *(mein, dein, sein, unser, euer, ihr)*, die den Besitz oder die Zugehörigkeit kennzeichnen. Sie stehen immer zusammen mit einem Nomen und sind besitzanzeigende Fürwörter
- **Indefinitpronomen** *(etwas, manche, niemand, kein)* sind unbestimmte Fürwörter
- **Demonstrativpronomen** sind hinweisende Fürwörter: *dieser, diese, dieses*
- **Relativpronomen** *(Das Buch, das ich lese..)* verweisen auf ein Nomen

Klasse 7, Deutsch, Schulaufgaben von bayerischen Realschulen

1. Grammatiktest

1. Fülle die Lücken mit den richtigen Anfangsbuchstaben aus!

Meine Urlaubsplanung

Ich habe mich __orgestern entschlossen, in den Urlaub zu fahren. Noch nicht __eute aber gleich ___orgen werde ich mein Zugticket buchen. Direkt ___estern ___bend habe ich mich richtig gut mit meinem Vorhaben gefühlt. Ich werde nach Italien ans Meer fahren, so dass ich immer ___orgens und gegen ___bend am Strand liegen kann und am ___ittag und __achmittags Zeit für kulturelles Programm habe. Das Programm muss auch nicht ___eden ___ittag kulturell sein. Nun freue ich mich darauf, denn am nächsten ___amstagabend geht es los!

12/____

2. Füge die fehlenden Verbformen in die Lücke ein!

Infinitiv	Präsens	Konjunktiv I	Konjunktiv II
	du befiehlst	du	du
fliehen	ich	ich	ich
	er	er	er läse
	wir verbieten	wir	wir
		sie wissen	
ziehen	es	es	es
	sie	sie	sie schnitte
	ihr kennt	ihr	ihr

24/____

3. Bestimme die Wortarten in folgendem Satz!

Der König, dessen teure Krone kaputt ist, wird übermorgen jene junge Dame heiraten, die das schönste Kleid trägt.

Der   _____
König,   _____
dessen   _____
teure   _____
Krone   _____
kaputt   _____
ist,   _____

Klasse 7, Deutsch, Schulaufgaben von bayerischen Realschulen

Grammatiktest 1.2

wird   _____

übermorgen   _____

jene   _____

junge   _____

Dame   _____

heiraten,   _____

die   _____

das   _____

schönste   _____

Kleid   _____

trägt.   _____

18/____

4. Kennzeichne die sieben Satzglieder des nachfolgenden Satzes, indem du zunächst senkrechte Trennungsstiche ziehst und die Satzglieder im Anschluss benennst. Prüfe mittels der Umstellprobe!

Am   Morgen   kaufen   die   Kunden   den   Bauern
_____

besonders   gerne   die   Früchte   von   den   Marktständen   ab.
_____

7/____

5. Bilde folgende Verbformen!

2. Sg. Prät. von schreiben

1. Pl. Präs. von schwimmen

2. Pl. Perf. von rufen

3. Pl. Plusqu. von sein

2. Sg. Fut. von winken

10/____

Gesamt: 73/____

Viel Erfolg!

Lösung: 1. Grammatiktest

1. Fülle die Lücken mit den richtigen Anfangsbuchstaben aus!

Meine Urlaubsplanung

Ich habe mich *v*orgestern entschlossen, in den Urlaub zu fahren. Noch nicht *h*eute aber gleich *m*orgen werde ich mein Zugticket buchen. Direkt *g*estern *A*bend habe ich mich richtig gut mit meinem Vorhaben gefühlt. Ich werde nach Italien ans Meer fahren, so dass ich immer *m*orgens und gegen *A*bend am Strand liegen kann und am *M*ittag und *n*achmittags Zeit für kulturelles Programm habe. Das Programm muss auch nicht *j*eden *M*ittag kulturell sein. Nun freue ich mich darauf, denn am nächsten *S*amstagabend geht es los!

Das muss ich wissen

Großschreibung
- Zeitangaben mit Begleiter werden groß geschrieben: *am Morgen, jeden Mittag, diesen Sonntag, gegen Abend...*

Kleinschreibung
- Zeitangaben ohne Begleiter werden klein geschrieben: *gestern, morgen, abends, nachmittags*
Doppelte Tageszeiten schreibt man wie folgt: *heute Abend, morgen Mittag, gestern Abend ...*

---

2. Füge die fehlenden Verbformen in die Lücke ein!

Infinitiv	Präsens	Konjunktiv I	Konjunktiv II
befehlen	du befiehlst	du *befehlest*	du *befählest*
fliehen	ich *fliehe*	ich *fliehe*	ich flöhe
lesen	er *liest*	er *lese*	er läse
verbieten	wir verbieten	wir *verbieten*	wir *verböten*
wissen	sie *wissen*	sie wissen	sie *wüssten*
ziehen	es *zieht*	es *ziehe*	es *zöge*
schneiden	sie *schneidet*	sie *schneide*	sie schnitte
kennen	ihr kennt	ihr *kennet*	ihr *kenntet*

Klasse 7, Deutsch, Schulaufgaben von bayerischen Realschulen

Lösung: Grammatiktest 1.2

Das muss ich wissen
Der **Konjunktiv I** wird gebildet, indem der Verbstamm (also Infinitiv ohne *-en* bzw. *-n*) die richtige Personalendung angefügt bekommen. Infinitiv: z.B. *kaufen* → *kaufen*

ich kauf-*e*	wir kauf-*en*
du kauf-*est*	ihr kauf-*et*
er/sie/es kauf-*e*	sie kauf-*en*

Der **Konjunktiv II** wird gebildet aus der Präteritumsform des Wortes (+ Umlaut) z.B. *trinken*: Präteritum: *ich trank*
Konjunktiv II:

ich tränk-*e*	wir tränk-*en*
du tränk-*est*	ihr tränk-*et*
er/sie/es tränk-*e*	sie tränk-*en*

3. Bestimme die Wortarten in folgendem Satz!

Der König, dessen teure Krone kaputt ist, wird übermorgen jene junge Dame heiraten, die das schönste Kleid trägt.

Der	*bestimmter Artikel*
König,	*Nomen*
dessen	*Relativpronomen*
teure	*Adjektiv*
Krone	*Nomen*
kaputt	*Adverb der Art und Weise*
ist,	*Verb*
wird	*Verb*
übermorgen	*Temporaladverb*
jene	*Demonstrativpronomen*
junge	*Adjektiv*
Dame	*Nomen*
heiraten,	*Verb*
die	*Demonstrativpronomen*
das	*bestimmter Artikel*
schönste	*Adjektiv*
Kleid	*Nomen*
trägt.	*Verb*

Das muss ich wissen
Wortarten siehe Lösung Grammatiktest 1.1

Lösung: Grammatiktest 1.2

4. Kennzeichne die sieben Satzglieder des nachfolgenden Satzes, indem du zunächst senkrechte Trennungsstiche ziehst und die Satzglieder im Anschluss benennst. Prüfe mittels der Umstellprobe!

Am Morgen / kaufen / die Kunden / den Bauern

Temporaladverbiale / Prädikat / Subjekt / Dativobjekt

besonders gerne / die Früchte / von den Marktständen / ab.

Modaladverbiale / Akkusativobjekt / Lokaladverbiale / Prädikat (gehört zu kaufen)

Tipps und Hinweise
- Um herauszufinden, welche Wörter zu einem **Satzglied** gehören, kannst du einfach die **Umstellprobe** machen. Dabei werden die Wörter des Satzes umgestellt, ohne dass sich der Sinn des Satzes verändert. Die Wörter, die sich nur zusammen umstellen lassen, bilden ein Satzglied.
- Du kannst auch die Ersatzprobe nutzen, um herauszufinden, welche Satzglieder ein Satz hat. Hierbei werden einzelne Satzglieder durch andere Wörter oder Wortgruppen ersetzt (z.B. durch **Pronomen**).

Das muss ich wissen
- Das *Prädikat* sagt aus, was geschieht oder was jemand tut
- Das *Subjekt* antwortet auf die Frage *Wer oder was?*
- Das *Akkusativobjekt* antwortet auf die Frage *Wen oder was?*
- Das *Dativobjekt* antwortet auf die Frage *Wem?*
- *Personalobjektive* antworten auf die Fragen wie *Worüber? Worauf? Für wen?* oder *Mit wem?*
- *Adverbiale Bestimmungen* geben Informationen zur Zeit, zum Ort oder zum Grund oder der Art und Weise eines Geschehens im Satz
  - *Temporaladverbiale* erfragt man mit *Wann? Seit wann?* oder *Wie lange?*
  - *Lokaladverbiale* erfragt man mit *Wo? Wohin?* oder *Woher?*
  - *Kausaladverbiale* erfragt man mit *Warum?* oder *Weshalb?*
  - *Modaladverbiale* erfragt man mit *Wie? Auf welche Weise?*

---

5. Bilde folgende Verbformen!

a) 2. Sg. Prät. von schreiben   *du schriebst*

b) 1. Pl. Präs. von schwimmen   *wir schwimmen*

c) 2. Pl. Perf. von rufen   *ihr habt gerufen*

d) 3. Pl. Plusqu. von sein   *sie waren gewesen*

e) 2. Sg. Fut. von winken   *ihr werdet winken*

Klasse 7, Deutsch, Schulaufgaben von bayerischen Realschulen

Das muss ich wissen
- *Verben* geben an, was jemand tut, was geschieht bzw. was ist
- Der *Infinitiv*, also die Grundform, endet stets auf **-en** (eingeleitet von Konjunktionen).
- In einem Satz verwendet man die Personalform des Verbs, hierzu beugt man das Verb (konjugieren)
- *Verben* kann man in verschiedenen Zeitformen verwenden
- *Präsens* (Gegenwartsform) → Aussagen, die in der Gegenwart geschehen → Aussagen die immer gelten. → Um etwas Zukünftiges auszudrücken, verwendet man eine Zeitangabe, die auf die Zukunft hinweist: *Nächste Woche gehe ich schwimmen*
- *Futur I* (Zukunftsform) → wird gebildet durch *werden* im Präsens + Infinitiv des Verbs
- *Futur II* → wird gebildet durch werden im Präsens + Perfektform des Verbs → um auszudrücken, dass in der Zukunft etwas abgeschlossen sein wird → Vermutungen werden oft mit dem Futur II ausgedrückt
- *Perfekt* (2. Vergangenheitsform) → zusammengesetzte Vergangenheitsform: *haben* oder *sein* im Präsens + Partizip II des Verbs → Partizip II wird gebildet mit **ge-** (außer das Verb hat bereits eine Vorsilbe)
- *Präteritum* (1. Vergangenheit) → einfache Zeitform der Vergangenheit → regelmäßige (schwache) Verben: hier ändert sich der Vokal im Verbstamm nicht, wenn das Verb ins Präteritum gesetzt wird → unregelmäßige (starke) Verben: hier ändert sich der Vokal im Verbstamm im Präteritum: z.B. *ich singe – ich sang*
- *Plusquamperfekt* (3. Vergangenheit) → passiert etwas vor dem, wovon im Präteritum oder im Perfekt erzählt wird, verwendet man das Plusquamperfekt (Vorvergangenheit) → zusammengesetzte Vergangenheitsform: Form von *haben* oder *sein* im Präteritum + Partizip II des Verbs

2. Grammatiktest
Das letzte Paradies. Zu Besuch im Schutzgebiet für Pandabären

Das Loch im Baumstamm kann kaum älter sein als ein Tag. Der Biologe Huang Jin Yan kniet nieder, untersucht die Baumhöhle und die Kratzspuren – und lächelt! Kein Zweifel: Diesen Bau hat eine Pandabärin angelegt, um darin ihr Junges zur Welt zu bringen. Bald wird es also Nachwuchs geben im Wolong-Naturreservat, einem Schutzgebiet für Pandabären in den Bergwäldern der chinesischen Provinz Sichuan.

Versteckt zwischen dem Bambusgestrüpp und den Urwaldriesen Wolongs liegt die Zuchtstation, welche die chinesische Regierung und die Naturschutzorganisation WWF für die schwarz-weißen Bären eingerichtet hat. Ihr Ziel: Das Leben der Pandas erforschen – und so viel Nachwuchs wie möglich aufziehen. In freier Natur sind die scheuen Bambusfresser nämlich vom Aussterben bedroht.

Früher lebten Pandas in fast ganz China sowie im Norden Myanmars und Vietnams. Weil Holzfäller jedoch die Wälder rodeten und den Bären so die Speisekammer stahlen, gibt es heute nur noch etwa 1600 Tiere. Ihre Reviere liegen im Südwesten Chinas – in Schutzgebieten wie dem Wolong-Naturreservat. So engen Menschenkontakt wie die Aufzuchtstation haben die wilden Bären allerdings nirgends. Rund 60 Pandas tummeln sich auf dem Gelände.

Pinkfarben und behaart wie kleine Ratten sehen die Neugeborenen aus. Sie sind bei ihrer Geburt nur so groß wie ein Stück Butter und bekommen erst nach zwei Wochen die pandatypische schwarze Färbung an den Augen, Ohren und Beinen.

Manchmal verstößt eine Mutter ihr Junges oder lässt es hungern. In der Natur wäre der Winzling verloren, in der Aufzuchtstation aber päppeln ihn die Pfleger im Brutkasten auf. Rund um die Uhr überwachen Tierärzte dann die Gesundheit des Kleinen. Sie füttern ihn mit einer Spezialmilch aus der Flasche, waschen, wiegen und untersuchen das Junge regelmäßig. Nach drei bis vier Monaten im „Kindergarten" ziehen die jungen Pandas in das große Wildgehege um. Das Waldstück mit Bäumen, Büschen, Farnen und Felsen dient als Spielplatz und Trainingsgelände: Klettern, hangeln, Bambus pflücken – all das will gelernt sein. Wenn die Bären eines Tages ausgewildert werden, müssen sie in der Lage sein, sich allein den Bauch zu füllen.

In der freien Natur fressen Pandas bis zu 14 Stunden am Tag und verdrücken dabei mehr als 35 kg Bambus. Die Bambusbestände rings um das Zentrum wurden deshalb schon knapp. Es wuchsen nicht mehr genügend saftige Blätter und Triebe, um alle Tiere satt zu bekommen. Die Biologen mussten sich etwas einfallen lassen und erfanden ein spezielles Panda-Brot: Aus Bambus, Reis und anderen Getreiden, Vitaminen und Mineralien stellen sie handliche Fladen her, die den Tieren nicht nur gut schmecken, sondern sie auch fit machen. Die Arbeit der Forscher hat sich gelohnt: Sieben kleine Bären wurden im Spätsommer 2003 in der Aufzuchtstation geboren.

Für die wild lebenden Pandas wird es dagegen von Tag zu Tag schwerer. Immer weiter dringen Menschen in ihre Reviere vor, zerschneiden Straßen die Bergwälder, sodass die Einzelgänger in der nur dreitägigen Paarungszeit kaum noch zueinander finden. Jedes neugeborene kleine Panda ist deshalb ein Grund zur Freude. Ob er nun in der Aufzuchtstation zur Welt kommt oder in einer kuscheligen Baumhöhle.

Tina Löschke

Grammatiktest 2

Kompetenzbereich I Textverständnis 24 Punkte

<u>Achtung</u>: Bei diesem Kompetenzbereich gibt es je Kreuz **zwei Punkte**!

Aufgabe 1 6 Punkte
Lies den Zeitungsbericht aufmerksam durch! Welche Fragen beantwortet dieser Zeitungsbericht? Kreuze an! Fälschlich Angekreuztes ergibt einen Punktabzug!

o Wo gebären Pandabärinnen ihre Jungen?

o Warum werden junge Pandabären von ihrer Mutter verstoßen?

o Warum sind die Pandabären vom Aussterben bedroht?

o Warum trinken Pandabären kein Wasser?

o Wie viele Pandabären leben in der Aufzuchtstation?

o Wann wurde die Aufzuchtstation eingerichtet?

Aufgabe 2 12 Punkte
Kreuze an, welche Aussagen inhaltlich mit dem Text übereinstimmen, welche nicht darin enthalten sind und welche falsch sind! Fälschlich Angekreuztes ergibt einen Punktabzug!

a. Die chinesische Regierung gibt jedes Jahr mehr als 20 Millionen Dollar für den Erhalt der Aufzuchtstation aus.
  o richtig o falsch o nicht enthalten

b. Pandabären fressen jeden Tag mehr als 35 Kilogramm Bambus.
  o richtig o falsch o nicht enthalten

c. Eine Pandabärin bringt immer mehrere Junge zur Welt.
  o richtig o falsch o nicht enthalten

d. Pandabären sind Einzelgänger.
  o richtig o falsch o nicht enthalten

e. Pandabären sind bei ihrer Geburt blind.
  o richtig o falsch o nicht enthalten

f. In der Aufzuchtstation lernen die Pandas sich mit Nahrung zu versorgen.
  o richtig o falsch o nicht enthalten

Aufgabe 3 6 Punkte
Welche drei der nachfolgenden Sätze zeigen am ehesten, was man aus dem Sachtext lernen kann? Kreuze an!

o Pandas sind vom Aussterben bedroht.

o China ist ein großes Land.

o Pandabären sind Pflanzenfresser.

o Es gibt viele Menschen, die Pandabären mögen.

o In der Aufzuchtstation im Wolong-Naturreservat werden Pandabären großgezogen.

o Pandabären gefährden die Bergwälder in der chinesischen Provinz Sichuan.

Kompetenzbereich I: Punkte

Grammatiktest 2

Kompetenzbereich II Formale Sprachbetrachtung 25 Punkte

Aufgabe 1 9 Punkte

**Bestimme in folgendem Satz möglichst genau die unterstrichenen Wortarten!
Verwende dazu die lateinischen Fachbegriffe!**

<u>Mit</u> großer <u>Freude</u> <u>entdeckte</u> <u>der</u> Junge, <u>dass</u> <u>seine</u> Katze <u>gestern</u> <u>viele</u> Junge bekommen hatte.

Mit   _____

großer   _____

Freude   _____

entdeckte _____

der   _____

dass   _____

seine   _____

gestern   _____

viele   _____

Aufgabe 2 7 Punkte

Unterstreiche und bestimme in folgenden Sätzen die Nebensätze!

Die Kätzchen, die alle ein schwarzes Fell und ein   _____
weißes Schnäuzchen hatten, spielten vergnügt im
Wohnzimmer.

Die Katzenmutter fing sie behutsam ein, indem sie   _____
sie am Genick zum Körbchen trug.

Weil ihre Mutter sie geduldig säugte, hatten sie sich _____
alle ein nettes Bäuchlein angefressen.

Sie entschlummerten selig an Mamas Bauch,   _____
nachdem ihr Fell gewissenhaft gesäubert worden
war.

Wo die Katzenmutter auch hinsah, kuschelten sich   _____
in ihrem Fell kleine Katzengesichter.

Dass der Junge einmal so viel Katzenglück   _____
beobachten durfte, hätte er nie zu träumen gewagt.

Wer sie einmal aufnehmen würde, konnte der Junge   _____
jetzt noch nicht sagen.

Klasse 7, Deutsch, Schulaufgaben von bayerischen Realschulen

Aufgabe 3   **Aktiv / Passiv**   **9 Punkte**

Bestimme folgende Verben im Passiv nach Person, Numerus und Tempus. Forme die Sätze sodann in Aktivsätze um. Behalte das Tempus und den Sinn der Sätze bei!

Die Katze und ihre Jungen wurden von Peter liebevoll gestreichelt.

Verbbestimmung: _____

Aktivsatz: _____

_____

Die Katzenmutter ist von allen Familienmitgliedern schon immer so liebkost worden.

Verbbestimmung: _____

Aktivsatz: _____

_____

Ihre Kätzchen werden nächste Woche von den Nachbarn in ihr neues Zuhause gebracht werden.

Verbbestimmung: _____

Aktivsatz: _____

_____

Kompetenzbereich II: Punkte

Kompetenzbereich III   Satzglied(teil-)bestimmung   14 Punkte

Suche im folgenden Text je ein Beispiel für die folgenden Satzglieder. Schreibe sie vollständig in die passende Zeile der Spalte daneben! Wenn das Satzglied bzw. der Nebensatz zu lang ist, markiere unbedingt Anfang und Ende, setze in dem Fall dazwischen eine Klammer: [...]!

Als die grauen Mäuschen, die schon lange in dem gleichen Haus wohnten, erfuhren, dass die Jungen der gefürchteten Katze in dem Körbchen aus Bast schliefen, schlichen sie trotz ihrer Angst neugierig an den Ort des Geschehens heran und freuten sich des Lebens.

Subjekt	
Prädikat	
Genitivobjekt	
Akkusativobjekt	
Lokaladverbiale	
Lokaladverbiale	
Temporaladverbiale	
Genitivattribut	
Genitivattribut	

Präpositionalattribut	
Konzessivadverbiale	
Relativsatzattribut	
Adjektivattribut	
Modaladverbiale	
Temporaladverb	

Kompetenzbereich III: **Punkte**

Kompetenzbereich IV   Rechtschreibung   20 Punkte

Finde die Rechtschreibfehler in folgendem Text und verbessere die Wörter auf den freien Linien. Beachte zudem die korrekte Zeichensetzung: Setze fehlende bzw. streiche falsch gesetzte Kommata! Falsch gesetzte Kommata ergeben Punktabzug!

Auf dem höchsten Berg des Harzes – dem 1142 meter hohen Brocken – werden im laufe eines Jahres 1,5 bis zwei Millionen Besucher gezählt. Diesen Besucherzahlen steht ein Müllaufkommen von jährlich 25 Tonnen gegenüber. Der etwa 6000 Hektar große Nationalpark Hochharz, umfast alle Höhenstufen, und somit eine Auswahl der Wichtigsten Lebensräume: verschiedene Waldtüpen und das Mohr. Es sind Tiere, wie der Buntspecht die Eule oder auch die Wildkatze anzutrefen. Viele pflanzenarten die heute selten sind, haben hier ihr zuhause. Doch diese Vielfalt ist durch Massenturismus und Umweltverschmutzung bedrot. Wird das Abfallproplem auf einem der beliebtesten deutschen Wanderziele auch in zukunft weiter bestehen?

Kompetenzbereich IV: **Punkte**
Gesamt: **Punkte**
Viel Erfolg!

Lösung: 2. Grammatiktest

Kompetenzbereich I   Textverständnis   24 Punkte

Achtung: Bei diesem Kompetenzbereich gibt es je Kreuz **zwei Punkte**!

Aufgabe 1   6 Punkte

Lies den Zeitungsbericht aufmerksam durch! Welche Fragen beantwortet dieser Zeitungsbericht? Kreuze an! Fälschlich Angekreuztes ergibt einen Punktabzug!

x Wo gebären Pandabärinnen ihre Jungen?
o Warum werden junge Pandabären von ihrer Mutter verstoßen?
x Warum sind die Pandabären vom Aussterben bedroht?
o Warum trinken Pandabären kein Wasser?
x Wie viele Pandabären leben in der Aufzuchtstation?
o Wann wurde die Aufzuchtstation eingerichtet?

Aufgabe 2   12 Punkte

Kreuze an, welche Aussagen inhaltlich mit dem Text übereinstimmen, welche nicht darin enthalten sind und welche falsch sind! Fälschlich Angekreuztes ergibt einen Punktabzug!

a. Die chinesische Regierung gibt jedes Jahr mehr als 20 Millionen Dollar für den Erhalt der Aufzuchtstation aus.
     o richtig   o falsch   *x* nicht enthalten
b. Pandabären fressen jeden Tag mehr als 35 Kilogramm Bambus.
     x richtig   o falsch   o nicht enthalten
c. Eine Pandabärin bringt immer mehrere Junge zur Welt.
     o richtig   *x* falsch   o nicht enthalten
d. Pandabären sind Einzelgänger.
     x richtig   o falsch   o nicht enthalten
e. Pandabären sind bei ihrer Geburt blind.
     o richtig   o falsch   *x* nicht enthalten
f. In der Aufzuchtstation lernen die Pandas sich mit Nahrung zu versorgen.
     x richtig   o falsch   o nicht enthalten

Aufgabe 3   6 Punkte

Welche drei der nachfolgenden Sätze zeigen am ehesten, was man aus dem Sachtext lernen kann? Kreuze an!

x Pandas sind vom Aussterben bedroht.
o China ist ein großes Land.
x Pandabären sind Pflanzenfresser.
o Es gibt viele Menschen, die Pandabären mögen.
x In der Aufzuchtstation im Wolong-Naturreservat werden Pandabären großgezogen.
o Pandabären gefährden die Bergwälder in der chinesischen Provinz Sichuan.

Kompetenzbereich I: Punkte

Kompetenzbereich II   Formale Sprachbetrachtung   25 Punkte

Aufgabe 1   9 Punkte

Bestimme in folgendem Satz möglichst genau die unterstrichenen Wortarten!

Verwende dazu die lateinischen Fachbegriffe!

<u>Mit</u> <u>großer</u> <u>Freude</u> <u>entdeckte</u> <u>der</u> Junge, <u>dass</u> <u>seine</u> Katze <u>gestern</u> <u>viele</u> Junge bekommen hatte.

Mit	*Präposition*
großer	*Adjektiv*
Freude	*Nomen*
entdeckte	*Verb*
der	*bestimmter Artikel*
dass	*subordinierende Konjunktion*
seine	*Possessivpronomen*
gestern	*Temporaladverb*
viele	*Numerale*

Das muss ich wissen

Wortarten

- Der *bestimmte Artikel* wird verwendet, wenn die Person, die Sache oder das Ding, das bezeichnet wird, bekannt ist. Ein *unbestimmter Artikel* wird verwendet, wenn es unbekannt ist
- *Nomen* (Substantive) bezeichnen Lebewesen, Gegenstände und abstrakte Begriffe wie z.B. Gefühle, Handlungen oder Vorstellungen
- *Adjektive* sind Eigenschaftswörter. Sie geben an wie Menschen, Tiere oder Dinge beschaffen sind oder zeigen auf welche Weise etwas geschieht
- *Verben* sind Tätigkeitswörter oder Tunwörter. Sie bezeichnen eine Tätigkeit, einen Zustand oder einen Vorgang
- *Pronomen* können an Stelle eines Nomens gebraucht werden oder es begleiten
  - Personalpronomen (z.B. *ich, du, er, sie, es, wir...*) ersetzen Nomen und Namen
  - Possessivpronomen (z.B. *mein, dein, sein...*) kennzeichnen den Besitz oder die Zugehörigkeit
  - Demonstrativpronomen: (z.B. *dieser, jene, der, die das...*) weisen oder zeigen auf etwas hin
  - Relativpronomen beziehen sich auf ein Nomen im Hauptsatz.
  - Indefinitpronomen (z.B. *man, jemand, keiner, einige, manche* ...) drücken ungefähre Mengenangaben oder Unbestimmtheit aus
- *Präpositionen* stehen oft vor einem Pronomen oder Nomen und geben an, in welcher Beziehung Lebewesen, Dinge oder Vorgänge zueinander sind. Es gibt:
  - Präpositionen des Ortes → *lokale* (Frage: *Wo? Wohin?*)
  - Präpositionen der Zeit → *temporale* (Frage: *Wann?*)
  - Präpositionen der Art und Weise → *modale* (Frage: *Wie? Woraus?*)
  - Präpositionen des Grundes → *kausale* (Frage: *Warum?*)
- *Konjunktionen* verbinden Sätze und Satzglieder:
  - Nebengeordnete Konjunktionen leiten einen Hauptsatz ein z.B. *denn, doch, aber, und*
  - Untergeordnete Konjunktionen leiten einen Nebensatz ein z.B. *weil, da, dass, damit*
- *Adverbien* beziehen sich auf das Verb eines Satzes und beschreiben genauere Umstände eines Geschehens. Es gibt:
  - *Temporaladverbien* → Zeit: Wann? (z.B. *neulich, gestern, danach...*)
  - *Lokaladverbien* → Ort: Wo? (z.B. *rechts, überall, draußen...*)
  - *Modaladverbien* → Art und Weise: Wie? (z.B. *umsonst, gern, sowieso...*)
  - *Kausaladverbien* → Grund: Warum? (z.B. *deshalb, darum, deswegen...*)

Lösung: Grammatiktest 2

Aufgabe 2   **7 Punkte**
Unterstreiche und bestimme in folgenden Sätzen die Nebensätze!

Die Kätzchen, <u>die alle ein schwarzes Fell und ein weißes Schnäuzchen hatten</u>, spielten vergnügt im Wohnzimmer.	*Relativsatzattribut*
Die Katzenmutter fing sie behutsam ein<u>, indem sie am Genick zum Körbchen trug</u>.	*Modaladverbialsatz*
<u>Weil ihre Mutter sie geduldig säugte</u>, hatten sie sich alle ein nettes Bäuchlein angefressen.	*Kausaladverbialsatz*
Sie entschlummerten selig an Mamas Bauch, <u>nachdem ihr Fell gewissenhaft gesäubert worden war</u>.	*Temporaladverbialsatz*
<u>Wo die Katzenmutter auch hinsah</u>, kuschelten sich in ihrem Fell kleine Katzengesichter.	*Lokaladverbialsatz*
<u>Dass der Junge einmal so viel Katzenglück beobachten durfte</u>, hätte er nie zu träumen gewagt.	*Objektsatz*
<u>Wer sie einmal aufnehmen würde</u>, konnte der Junge jetzt noch nicht sagen.	*Objektsatz*

Das muss ich wissen
- Nebensätze können nicht ohne einen Hauptsatz stehen.
- Der Nebensatz ist dem Hauptsatz untergeordnet und wird durch eine Konjunktion eingeleitet (z.B. *weil, da, damit, dass* ...)
- Das gebeugte Verb (Personalform) steht immer am Ende des Nebensatzes als letztes Satzglied.
- Eine besondere Form des Nebensatzes ist der Relativsatz der ein Bezugswort im Hauptsatz genauer beschreibt.

Das muss ich wissen
Es gibt verschiedene Formen von Nebensätzen:
Konjunktionalsatz (eingeleitet durch Konjunktionen)
- Temporalsatz (Zeit) → *nachdem, als, während, bis, bevor*...
- Modalsatz (Art und Weise) → *indem, dadurch, als (ob)*...
- Kausalsatz (Grund) → *weil, da*
- Finalsatz (Absicht /Zweck) → *damit*
- Konditionalsatz (Bedingung) → *wenn, falls, sofern*
- Konzessivsatz (Einräumung) → *obwohl, obschon, auch wenn*...
- Konsekutivsatz (Folge) → *sodass*

Relativsatz (eingeleitet durch Relativpronomen)
- Zur näheren Beschreibung → *der, die das, welcher, welche, welches*

Interrogativsatz (eingeleitet durch Interrogativpronomen)
- Indirekter Fragesatz → *wer, was, welcher, wann, wo, ob, warum* ...

Objektsatz (ersetzt Objekt)
- Genitivobjekt → *Wessen?*
- Dativobjekt → *Wem / Was?*
- Akkusativobjekt → *Wen / Was?*

Subjektsatz (ersetzt Subjekt)
- *Wer / Was?*

Klasse 7, Deutsch, Schulaufgaben von bayerischen Realschulen

Lösung: Grammatiktest 2

Aufgabe 3   **Aktiv / Passiv**   **9 Punkte**

Bestimme folgende Verben im Passiv nach Person, Numerus und Tempus. Forme die Sätze sodann in Aktivsätze um. Behalte das Tempus und den Sinn der Sätze bei!

Die Katze und ihre Jungen wurden von Peter liebevoll gestreichelt.
Verbbestimmung: *3. Person Plural Präteritum*
Aktivsatz: *Liebevoll streichelte Peter die Katze und ihre Jungen.*

Die Katzenmutter ist von allen Familienmitgliedern schon immer so liebkost worden.
Verbbestimmung: *3. Person Singular Perfekt*
Aktivsatz: *Die Familienmitglieder haben die Katzenmutter schon immer so liebkost.*

Ihre Kätzchen werden nächste Woche von den Nachbarn in ihr neues Zuhause gebracht werden.
Verbbestimmung: *3. Person Plural Futur I*
Aktivsatz: *Nächste Woche werden die Nachbarn ihre Kätzchen in ihr neues Zuhause bringen.*

Das muss ich wissen
- *Verben* geben an, was jemand tut, was geschieht bzw. was ist
- Der *Infinitiv*, also die Grundform, endet stets auf *-en* (eingeleitet von Konjunktionen).
- In einem Satz verwendet man die Personalform des Verbs, hierzu beugt man das Verb (konjugieren)
- *Verben* kann man in verschiedenen Zeitformen verwenden
- *Präsens* (Gegenwartsform) → Aussagen, die in der Gegenwart geschehen → Aussagen die immer gelten. → Um etwas Zukünftiges auszudrücken, verwendet man eine Zeitangabe, die auf die Zukunft hinweist: *Nächste Woche gehe ich schwimmen*
- *Futur I* (Zukunftsform) → wird gebildet durch *werden* im Präsens + Infinitiv des Verbs
- *Futur II* → wird gebildet durch werden im Präsens + Perfektform des Verbs → um auszudrücken, dass in der Zukunft etwas abgeschlossen sein wird → Vermutungen werden oft mit dem Futur II ausgedrückt
- *Perfekt* (2. Vergangenheitsform) → zusammengesetzte Vergangenheitsform: *haben* oder *sein* im Präsens + Partizip II des Verbs → Partizip II wird gebildet mit *ge-* (außer das Verb hat bereits eine Vorsilbe)
- *Präteritum* (1. Vergangenheit) → einfache Zeitform der Vergangenheit → regelmäßige (schwache) Verben: hier ändert sich der Vokal im Verbstamm nicht, wenn das Verb ins Präteritum gesetzt wird → unregelmäßige (starke) Verben: hier ändert sich der Vokal im Verbstamm im Präteritum: z.B. *ich singe – ich sang*
- *Plusquamperfekt* (3. Vergangenheit) → passiert etwas vor dem, wovon im Präteritum oder im Perfekt erzählt wird, verwendet man das Plusquamperfekt (Vorvergangenheit) → zusammengesetzte Vergangenheitsform: Form von *haben* oder *sein* im Präteritum + Partizip II des Verbs

---

Das muss ich wissen
Die Handlungsarten eines Verbs nennt man **Aktiv** und **Passiv**. Mit ihrer Verwendung werden unterschiedliche Interessen verfolgt:
- Bei der Verwendung von **Aktiv** richtet sich das Interesse auf die **handelnde Person**
  z.B. *Alle Kinder holen Bälle*
- Bei der Verwendung von **Passiv** richtet sich das Interesse auf den **Vorgang**
  z.B. *Bälle werden geholt*

Lösung: Grammatiktest 2

- In Passivsätzen kann der Handelnde auch in Form einer adverbialen Bestimmung genannt werden z.B. *Bälle werden von den Kindern geholt.*
- Das Passiv wird zusammen mit einer Form von **werden** und dem **Partizip Perfekt** gebildet.
- Bei der Umwandlung vom Aktivsatz in einen Passivsatz wird das Akkusativobjekt des Aktivsatzes zum Subjekt des Passivsatzes und umgekehrt

Kompetenzbereich II: Punkte

Kompetenzbereich III   Satzglied(teil-)bestimmung   15 Punkte

Suche im folgenden Text je <u>ein Beispiel</u> für die folgenden Satzglieder. Schreibe sie <u>vollständig</u> in die passende Zeile der Spalte daneben! Wenn das Satzglied bzw. der Nebensatz zu lang ist, markiere unbedingt Anfang und Ende, setze in dem Fall dazwischen eine Klammer: […]!

Als die grauen Mäuschen, die schon lange in dem gleichen Haus wohnten, erfuhren, dass die Jungen der gefürchteten Katze in dem Körbchen aus Bast schliefen, schlichen sie trotz ihrer Angst neugierig an den Ort des Geschehens heran und freuten sich des Lebens.

Subjekt	*die grauen Mäuschen, die […] wohnten*
Prädikat	*wohnten*
Genitivobjekt	*der gefürchteten Katze / des Lebens*
Akkusativobjekt	*dass die Jungen der gefürchteten Katze in dem Körbchen aus Bast schliefen*
Lokaladverbiale	*in dem Körbchen aus Bast*
Lokaladverbiale	*in dem gleichen Haus*
Temporaladverbiale	*Als die grauen Mäuschen, die schon lange […] wohnten*
Genitivattribut	*der gefürchteten Katze*
Genitivattribut	*des Geschehens*
Präpositionalattribut	*aus Bast*
Konzessivadverbiale	*trotz ihrer Angst*
Relativsatzattribut	*, die schon lange in dem gleichen Haus wohnten*
Adjektivattribut	*grauen / gleichen / gefürchteten*
Modaladverbiale	*neugierig*
Temporaladverb	*schon lange*

Klasse 7, Deutsch, Schulaufgaben von bayerischen Realschulen

Lösung: Grammatiktest 2

Tipps und Hinweise
- Um herauszufinden, welche Wörter zu einem **Satzglied** gehören, kannst du einfach die **Umstellprobe** machen. Dabei werden die Wörter des Satzes umgestellt, ohne dass sich der Sinn des Satzes verändert. Die Wörter, die sich nur zusammen umstellen lassen, bilden ein Satzglied.
- Du kannst auch die Ersatzprobe nutzen, um herauszufinden, welche Satzglieder ein Satz hat. Hierbei werden einzelne Satzglieder durch andere Wörter oder Wortgruppen ersetzt (z.B. durch **Pronomen**).

Das muss ich wissen
- Das *Prädikat* sagt aus, was geschieht oder was jemand tut
- Das *Subjekt* antwortet auf die Frage *Wer oder was?*
- Das *Akkusativobjekt* antwortet auf die Frage *Wen oder was?*
- Das *Dativobjekt* antwortet auf die Frage *Wem?*
- *Personalobjektive* antworten auf die Fragen wie *Worüber? Worauf? Für wen?* oder *Mit wem?*
- *Adverbiale Bestimmungen* geben Informationen zur Zeit, zum Ort oder zum Grund oder der Art und Weise eines Geschehens im Satz
  - *Temporaladverbiale* erfragt man mit *Wann? Seit wann?* oder *Wie lange?*
  - *Lokaladverbiale* erfragt man mit *Wo? Wohin?* oder *Woher?*
  - *Kausaladverbiale* erfragt man mit *Warum?* oder *Weshalb?*
  - *Modaladverbiale* erfragt man mit *Wie? Auf welche Weise?*

Kompetenzbereich III: Punkte

Kompetenzbereich IV   Rechtschreibung   20 Punkte

Finde die Rechtschreibfehler in folgendem Text und verbessere die Wörter auf den freien Linien. Beachte zudem die korrekte Zeichensetzung: Setze fehlende bzw. streiche falsch gesetzte Kommata! Falsch gesetzte Kommata ergeben Punktabzug!

Auf dem höchsten Berg des Harzes –	*Harzes,*	*Brocken,*
dem 1142 meter hohen Brocken – werden	*Meter*	
im laufe eines Jahres 1,5 bis zwei	*Laufe*	*– 2*
Millionen Besucher gezählt. Diesen		
Besucherzahlen steht ein Müllaufkommen		
von jährlich 25 Tonnen gegenüber. Der		
etwa 6000 Hektar große Nazionalpark	*Nationalpark*	
Hochharz, umfast alle Höhenstufen, und	*umfasst*	
somit eine Auswahl der Wichtigsten	*wichtigsten*	
Lebensräume: verschiedene Waldtüpen	*Waldtypen*	

Lösung: Grammatiktest 2

und das <u>Mohr</u>. Es sind Tiere, wie der	*Moor*
<u>Buntspecht die Eule</u> oder auch die	*Buntspecht, die Eule*
Wildkatze <u>anzutrefen</u>. Viele <u>pflanzenarten</u>	*anzutreffen Pflanzenarten,*
die heute selten sind, haben hier ihr	
<u>zuhause. doch</u> diese Vielfalt ist durch	*Zuhause. Doch*
<u>Massenturismus</u> und Umweltver-	*Massentourismus*
schmutzung <u>bedrot</u>. Wird das <u>Abfall-</u>	*bedroht*
<u>proplem</u> auf einem der beliebtesten	*Abfallproblem*
deutschen Wanderziele auch in <u>zukunft</u>	*Zukunft*
weiter bestehen?	

Das muss ich wissen
Großschreibung
- Satzanfänge, Namen und Nomen schreibt man groß
- Verben und Adjektive werden groß geschrieben, wenn sie wie Nomen gebraucht werden (Nominalisierung)
- Zeitangaben, die Nomen sind, werden groß geschrieben z.B. Wochentage, Tageszeiten

Kleinschreibung
- alle Verben werden klein geschrieben
- alle Adjektive werden klein geschrieben
- alle Pronomen werden klein geschrieben

Kompetenzbereich IV: Punkte
Gesamt: Punkte von 84 Punkten

Monika und Claus Arndt aus Waldtrudering geben im Eigenverlag Lernhilfen für Schüler heraus

Die Durchblick-Garanten

Die Tage sind gezählt bis zu den Sommerferien. Nicht alle Schüler jedoch tun sechs Wochen lang nichts für die Schule. Und es gibt so einige Eltern, die sich jetzt schon fürs neue Schuljahr rüsten. Viele von ihnen landen bei Monika und Claus Arndt aus Waldtrudering. Das Ehepaar gibt Hefte mit Schulproben für Grundschüler und Schulaufgaben für Gymnasiasten und Realschüler heraus. Kinder und Jugendliche können sich mit ihren Durchblicker-Aufgaben auf Prüfungen vorbereiten.

Monika und Claus Arndt im Keller ihres Waldtruderinger Hauses. Dort drucken sie ihre Durchblicker-Schulaufgaben. Jahrelang haben sie zudem Nachhilfeunterricht gegeben, mittlerweile konzentrieren sie sich auf ihr Verlagsgeschäft. Ihre Schulaufgaben sind im Buchhandel zu finden und helfen Schülern bei der Lösung von Schulaufgaben. *Fotos: Panthermedia/ve/kn*

Im Keller der Familie Arndt im Birkhahnweg in Waldtrudering läuft der Drucker. In den Regalen stapeln sich ordentlich die Ausdrucke. Ihre Bestellungen erreichen Monika und Claus Arndt meist spät abends. Nach Ladenschluss schicken Buchhändler noch ihre Bestellliste ab, so auch an den Durchblicker Verlag in Waldtrudering. Viele Jahre lang haben die Arndts im Keller Schülern Nachhilfeunterricht gegeben. Vor fünf Jahren haben sie einen Verlag gegründet und verkaufen seitdem Bücher mit typischen Schulaufgaben für bayerische Schüler. Derzeit, kurz vor den Sommerferien und vor allem dann im September, sei die Nachfrage besonders groß. „Wir haben ein saisonales Geschäft", sagt Claus Arndt schmunzelnd. Bevor es in die Ferien geht oder zum Start ins neue Schuljahr, bestellen Schüler und ihre Eltern die Durchblicker-Schulaufgaben.

Der Mathematiker sattelte aufs Lehramt um

Die Arndts haben sozusagen eine Marktlücke entdeckt: Verlage bieten zwar immer mehr Lernhilfen für Schüler an. Doch die Arndts schneiden ihre Ausgaben auf die jeweiligen Schultypen und auf die neuen Lehrpläne in Bayern zu. So läuft und läuft ihr Drucker. „Volltreffer!", hat ihnen ein Schüler geschrieben. „Die Aufgaben in meiner Schulaufgabe waren genau wie die aus Ihrem Buch!" Und eine Buchhändlerin lässt sie wissen: „Ich empfehle die Reihe immer weiter. Sie haben in mir einen Fan gefunden."
Wie aber kommt es, dass die beiden Waldtruderinger so einen guten Riecher haben, wie Lehrer ihre Schulaufgaben gestalten und was sie wollen? Claus Arndt war als Diplom-Mathematiker in der EDV-Branche beschäftigt. Bis 2004. Da hieß es: „Wer gehen wolle, könne gehen." Der Waldtruderinger Vater zweier Söhne ließ sich das nicht zwei Mal sagen. Händeringend wurde damals nach Lehrern gesucht. So sattelte der Mathematiker kurzerhand um und unterrichtete fortan an der Realschule in Dachau und am Neuperlacher Heinrich-Heine-Gymnasium Mathe.
Damit nicht genug. Zuhause im Keller eröffnete er mit seiner Frau Monika ein Lernstudio für Schüler. Claus Arndt gab Nachhilfe in Mathematik. Seine Frau in Englisch, Deutsch und Französisch. „Für Physik und Latein beschäftigten wir noch weitere Nachhilfelehrer", erzählt Claus Arndt. Die Waldtruderinger Familien nahmen das Angebot gerne an: Bei den Arndts gab es Nachhilfe für den Achtklässler, der darum kämpfte, wegen Mathe bloß nicht durchzufallen. Ein anderer Bub, ein Grundschüler, konnte partout nicht stillsitzen. „Ich ließ ihn hier unten auf einem kleinen Trampolin auf- und abspringen und fragte ihn dabei das Einmaleins ab", erzählt Claus Arndt. Ebenso ackerten gleich mehrere Schüler in einem Crashkurs, um in ihrer Abschlussprüfung eine bessere Note zu bekommen.

Nachhilfeunterricht von 13 bis 20 Uhr

Vier Jahre lang büffelten die Nachhilfelehrer mit ihren Schützlingen Stunde für Stunde im Keller. „Unseren Höhepunkt hatten wir im Jahr 2008, da saßen wir von 13 bis 20 Uhr in unserem Lernstudio, die Nachfrage in Waldtrudering und Umgebung war einfach so groß", erinnert sich Claus Arndt. Was ist das Arndtsche Erfolgsrezept? Die Arndts lösen mit ihren Schülern Schulaufgaben, erarbeiten Musterlösungen und korrigieren die Antworten gemeinsam. „Diese Klassenarbeiten denken wir uns selbst aus", sagt Claus Arndt. Im Laufe der Jahre haben sie ein Gespür dafür entwickelt, welche Aufgabentypen drankommen können — „wie die Lehrer ticken".
Schulaufgaben zu entwickeln, das machte Claus Arndt bald nicht nur für seine Nachhilfeschüler im Münchner Osten. Für die Verlage Klett und Cornelsen modifizierte er Schulaufgaben. „Doch die Lehrpläne variieren von Bundesland zu Bundesland", erzählt der Klausuren-Profi. Und so schlug man ihm vor, für Bayern einfach selbst Schulaufgaben herauszugeben. Im Eigenverlag.
Claus Arndt hatte ja mit seiner Frau Monika kompetente Hilfe an seiner Seite. Denn vor allem sie war es, die in ganz Bayern Buchhändler abklapperte, um Werbung für die Durchblicker-Schulaufgaben zu machen. Mehr noch: Monika Arndt hatte als Autorin bereits Ernährungsbücher für Kinder veröffentlicht, hatte unter anderem beim Stark-Verlag über Produktion sowie Inhalt von Lernhilfen viele Erfahrungen gesammelt und als Lektorin gearbeitet. Sie knöpfte sich nun die Fächer Deutsch, Französisch und Englisch vor und arbeitete ebenso Schulaufgaben aus. Zudem sei es für sie als Schulaufgaben-Entwickler mit Einführung des G8 leichter geworden: „Alles ist systematischer und strukturierter, ich kann eher abschätzen, was in einer Klassenarbeit drankommt", sagt Claus Arndt.

Neu im Angebot sind Proben für Grundschüler

Mittlerweile haben sie eine breite Palette mit 57 verschiedenen Ausgaben im Angebot: Ob für Gymnasiasten Mathe-Schulaufgaben von der fünften bis hoch zur zwölften Klasse oder für Realschüler Englisch-Schulaufgaben. „Und neu und sehr beliebt sind unsere Schulproben in Mathe, Deutsch und HSU für Dritt- und Viertklässler", sagt Monika Arndt. „Die sind immer mehr unsere Renner!" Als Verlag profitieren sie von dem wachsendem Druck, der schon auf Grundschüler ausgeübt werde. „Eltern wollen unbedingt, dass ihr Kind einen Notendurchschnitt von 2,33 beim Übertrittszeugnis in der vierten Klasse hat, damit es aufs Gymnasium gehen kann", sagt Claus Arndt. „Das ist oft zu viel des Guten." Er weiß, wovon er spricht. Er hat in all den Jahren in seinem Lernstudio viele Kinder kennengelernt. „Oft haben wir gemerkt, welch großen Druck Eltern auf ihr Kind ausüben können." Natürlich müsse sich jedes Kind auf Tests in der Schule vorbereiten. Doch als Eltern zweier Söhne, 1993 und 1996 geboren, wissen sie eben auch, dass ein Kind nicht zu viel lernen dürfe. „Wer für eine Schulaufgabe mit zwei unserer Aufgaben übt, dem reicht das meist", behauptet Monika Arndt.
Den beiden Schulaufgaben- und Nachhilfe-Profis geht es vor allem darum, Schüler besser auf das vorzubereiten, was sie bei einer Probe erwartet. „Angst und Nervosität legen sich schnell, wenn Schüler ähnliche Aufgaben kennen und bereits bearbeitet haben", sagt Claus Arndt.

Verena Rudolf

München

Mehr Durchblick für Schüler

Claus und Monika Arndt produzieren Lernhefte im heimischen Keller in Waldtrudering

VON LAURA MÜLLER

Vielen Kindern graut es vor der Schule. Häufig sind sie unmotiviert und wissen nicht, wie sie sich auf Tests und Schularbeiten vorbereiten sollen. Für diese Problematik gibt es eine Menge Nachhilfelehrer und Bücher, die helfen sollen. Einer der Verlage, die solche Bücher, oder vielmehr Hefte produzieren, ist der Durchblicker Verlag. – ein kleiner Buchverlag, der nur aus dem Ehepaar Claus und Monika Arndt besteht. Er hat sich auf Schulaufgaben und ihre Lösungen spezialisiert. Die Arndts produzieren die Hefte im heimischen Keller in Waldtrudering.

Auf den jungen Schülern lastet eine Menge Druck, sagen die Arndts

Claus Arndt, ein ehemaliger Software-Ingenieur, hat den Verlag vor fünf Jahren gegründet. Angefangen hat alles damit, dass Claus Arndt anfing Nachhilfe zu geben. „Als die Kinder kamen, wollte ich nicht ständig unterwegs sein", erzählte er. „Also habe ich meinen Job gekündigt und kurzerz" für den renommierten Stark-Verlag gegeben". Die Schüler kamen gerne zu Claus Arndt, so wurde die Nachfrage irgendwann zu groß. Die Arndts gaben das Lernbüro auf und fingen an, Bücher mit Schulaufgaben und ihren Lösungen zu drucken. Zunächst verkauften sie nur wenige Hefter, was andere Lehrer erwarten, doch Claus und Monika Arndt orientieren sich bei ihren Aufgaben immer an dem neuesten Stand der Lehrpläne.

Als die Arndts ihren Verlag gründeten, klapperten sie alle möglichen Büchereien ab, um ihre Bücher präsentieren zu können. Monika Arndt hat schon vorher als Lektorin und Autorin gearbeitet. Sie kennt sich in der Branche aus und weiß, wie man hier etwas erreicht. Heute liegen die Bücher des Durchblicker-Verlags etwa in Hugendubel- und Thalia-Filialen aus. „Wir freuen uns, dass unsere Bücher so gut ankommen", sagt Claus Arndt. Am besten verkaufen sich laut den Arndts die Lerntrainer für die Grundschule sowie die für die 5. und 6. Klasse Gymnasium. Das verwundert Claus Arndt nicht. „Auf den jungen Schülern lastet schon eine Menge Druck."

Am besten verkaufen sich die Lerntrainer für Grundschule und 5. und 6. Klasse

Als die Arndts die Bücher in immer größerer Stückzahl verkauften, stellte sich die Frage, wie sie die Lerntrainer weiter produzieren wollten. Sie entschieden sich, die Bücher selbst zu drucken. „Alles ist handproduziert, das ist unser Markenzeichen", sagt Monika Arndt.

Sie legen Wert darauf, dass ihre Aufgaben schulnah sind und so auch wirklich abgefragt werden könnten. „Außerdem ist es wichtig für uns, die Schüler für das Lernen zu motivieren. Häufig schreiben Kinder schlechte Noten, weil sie zu wenig Selbstvertrauen haben", sagt Claus Arndt. „Wenn die Kinder mit unseren Schultrainern lernen, erkennen sie Aufgaben aus dem Unterricht wieder, das gibt ihnen ein Erfolgserlebnis und motiviert sie." Natürlich könnten die Bücher keine schon vorher entstandenen Wissenslücken schließen, „aber sie helfen, zu verteidigen und zu wiederholen."

Die Nachfrage ist groß: im Keller von Monika und Claus Arndt stapeln sich die Lernhefte des heimischen Verlags. Alles ist handproduziert, das ist das Markenzeichen des Verlags.

Die Hefte des Durchblicker-Verlags: Insgesamt 58 Lerntrainer haben die Arndts schon herausgebracht.

FOTOS: ACHIM SCHMIDHUBER

AKTUELLES IN KÜRZE

38-Jähriger stirbt nach Drogenkonsum

Ein 38-jähriger Münchner ist am vergangenen Freitag an den Folgen von Kokain- und Alkoholkonsum gestorben. Nach Angaben der Polizei wurde der arbeitslose Münchner am Donnerstag, 17. November, in eine Klinik eingeliefert. Dort musste er reanimiert werden. In seinem Urin wurde ein hoher Kokaingehalt festgestellt. Zudem hatte er eine Alkoholvergiftung. Die Obduktion ergab, dass der 38-Jährige an einer Überdosis Rauschgift gestorben war. Die Polizei schließt Fremdverschulden aus. pm

Rechte und Pflichten von Mietern

Viele Auseinandersetzungen zwischen Vermietern und Mietern resultieren daraus, dass die Parteien ihre Rechte und Pflichten nicht kennen oder diese falsch einschätzen. Die Rechtsanwältin Gisela Weber vom Mieterverein München erläutert bei einem Infoabend im Bauzentrum München, Willy-Brandt-Allee 10, am Dienstag, 13. Dezember, ab 18 Uhr, welche Klauseln Mieter vor der Unterzeichnung eines Formularmietvertrages besonders unter die Lupe nehmen sollten. Sie spricht außerdem die Probleme des Alltags an, die im täglichen Umgang zwischen den Mietvertragsparteien und den Nachbarn auftreten können. Der Eintritt ist frei.

Neuerscheinungen

Schulaufgaben von bayerischen Realschulen

978-3-943703-36-8   978-3-943703-37-5   978-3-943703-38-2   978-3-943703-39-9   978-3-943703-40-5   978-3-943703-41-2

978-3-943703-26-9   978-3-943703-27-6   978-3-943703-28-3   978-3-943703-30-6   978-3-943703-32-0   978-3-943703-34-4

Neue Deutschbücher

978-3-946141-10-5   978-3-946141-11-2   978-3-946141-12-9   978-3-946141-13-6

DURCHBLICKER
$a^2 + b^2 = c^2$
Verlag GmbH

www.durchblicker.org
info@durchblicker.org
Tel: 089 - **43 73 73 14**
Fax: 089 – 43 90 60 51

Ich wollte Ihnen mitteilen, dass ich in der Mathe-Schulaufgabe eine 1 habe. Ich habe die Aufgaben vor der Schulaufgabe alle durchgerechnet und fühlte mich so fit und sicher.

Meine Tochter kapiert Mathe am besten, wenn Sie es ihr vor den Schulaufgaben erklären.

„Ich empfehle die Reihe immer weiter. Sie haben in mir einen Fan gefunden."
Eine Buchhändlerin

So einen guten Mathelehrer wie Sie hatte ich noch nie!

„Die Bücher sind wirklich gut!"
Ein Großbuchhändler

VOLLTREFFER !!!
3 Aufgaben in meiner Schulaufgabe waren genau wie die aus Ihrem Buch.
Ganz toll!
Danke!

Die Hinweise in den ausführlichen Lösungen sind die absoluten Insidertipps! Damit weiß ich endlich, was dran kommt.

Nur durch Ihren ausgezeichneten Crash-Kurs habe ich die Mittlere Reife in Mathematik mit der Note 3 geschafft. Jetzt kann ich meine neue Lehrstelle antreten.

Wir haben alle Ihre Bücher.
Die sind spitze!

Wir haben bereits letztes Jahr mit Mathematik 7 und mit Englisch 7 gearbeitet, mit gutem Erfolg.

„Die Schulaufgaben von bayerischen Realschulen laufen ausgezeichnet!"
Eine Buchhändlerin

„Die Durchblicker Schulaufgaben sind inzwischen unsere Topseller!"
Eine Buchhändlerin

Ihre Bücher sind sehr professionell. Wir bestellen hiermit die nächsten.

Deutsch 7
Realschule

ISBN: 978-3-946141-12-9